GANE DINERO DESDE
SU CASA
CON LA AYUDA DE
DIOS

FRANCISCO B. GÜELL

CASA CREACIÓN

A STRANG COMPANY

www.casacreacion.com

La mayoría de los productos de Casa Creación están disponibles a un precio con descuento en cantidades de mayoreo para promociones de ventas, ofertas especiales, levantar fondos y atender necesidades educativas. Para más información, escriba a Casa Creación, 600 Rinehart Road, Lake Mary, Florida, 32746; o llame al teléfono (407) 333-7117 en Estados Unidos.

Gane dinero desde su casa con la ayuda de Dios
por Francisco B. Güell
Publicado por Casa Creación
Una compañía de Strang Communications
600 Rinehart Road
Lake Mary, Florida 32746
www.casacreacion.com

Las citas de la Escritura marcadas (NVI) corresponden a la Santa Biblia, Nueva Versión Internacional ©1999 por la Sociedad Bíblica Internacional. Usada con permiso.

Edición por: Miracle Editors
Director de Diseño: Bill Johnson
Diseño de portada: Nathan Morgan

Library of Congress Control Number: 2010931762
ISBN: 978-1-59979-595-9

Impreso en los Estados Unidos de América
10 11 12 13 14 * 7 6 5 4 3 2 1

Índice

"Escuche esto el sabio, y aumente su saber; reciba dirección el entendido" (Proverbios 1:5).

Introducción

Gane dinero desde su casa con la ayuda de Dios se escribió con la intención de ayudar a los hispanos que necesitan generar ingresos, entre otras, por las siguientes razones:

- Perdieron su medio de subsistencia

- El ingreso que reciben no es suficiente para cubrir todas sus necesidades

- Perdieron su crédito

- Se declararon en bancarrota

- Llegaron recientemente a los Estados Unidos y no han conseguido empleo

Dirijo este libro a hispanos que son residentes legales en este país, dada la importancia que tiene cumplir con los reglamentos, permisos y licencias que el gobierno de los Estados Unidos le requiere a cualquier negocio. Sin embargo, estoy seguro que mucho de lo que aparece en estas páginas podrá servir de orientación y ayuda a cualquier persona, en cualquier país, donde sea permisible tener y operar un negocio propio desde su casa.

Hace un tiempo, el Señor me llevó a escribir el libro *Aprenda inglés con la ayuda de Dios*. Considero que el obstáculo principal que impide a muchos latinos progresar en los Estados Unidos, especialmente los recién llegados al país, es no entender ni hablar el idioma inglés. El Señor no se equivoca nunca. *Aprenda inglés con la ayuda de Dios* se convirtió en un éxito de ventas dentro de su categoría. Fue tanto el impacto, que la editorial me solicitó un segundo libro que ampliara la enseñanza del idioma inglés. Así nació el libro *Perfeccione su inglés con la ayuda de Dios*.

Yo no estaba satisfecho todavía. Dios me dio el mandato de ayudar a nuestra comunidad latina. Estaba consciente de que, además de la brecha del idioma, había otro obstáculo que yo debía ayudar a los latinos a superar: conseguir un medio de subsistencia. Todos sabemos que los Estados Unidos tiene leyes que prohíben el discrimen por motivo de origen étnico (así como por sexo, edad o religión). También sabemos que a un latino se le hace más difícil encontrar un empleo, y si lo consigue, posiblemente le pagan una remuneración menor. De hecho, los hispanos ya constituimos la minoría étnica más numerosa, pero aún así somos la comunidad con el menor índice de ingresos.

Le pedí al Señor que me dirigiera, y en eso, se desató una de las peores crisis económicas en la historia de los Estados Unidos. Por supuesto, el grupo étnico más afectado ha sido el latino. Me enfrenté al hecho de que cientos de latinos están perdiendo todo aquello por lo que han luchado durante tantos años: trabajos, negocios, viviendas, carros, planes médicos y otros beneficios necesarios para una vida decorosa. Muchos perdieron su crédito, mientras otros tuvieron que radicar quiebra. ¿Cómo se puede vivir y mantener los hijos sin dinero en efectivo ni tarjetas de crédito? Me vi en el espejo de ellos hace muchos años atrás. Me convencí de que mis experiencias y conocimientos pueden cambiar las vidas de muchos latinos.

Yo no me oculto para decir que fui a la quiebra en dos ocasiones, pero no las considero fracasos, sino errores. Cada error que cometemos en la vida se convierte en algo positivo si aprendemos de él. Es una piedra menos en nuestro futuro camino hacia nuestras metas. Siempre he dicho que el ser humano no se mide por sus caídas, sino por su capacidad para levantarse y empezar de nuevo. Recordemos que Dios tiene siempre su mano extendida para levantarnos.

A todos aquellos que se encuentran en las situaciones que he mencionado, les presento, de la A a la Z, lo que para mí ha probado ser la mejor solución: operar un negocio propio desde la casa. Todo lo que necesita saber para desarrollar su negocio y rehacer su vida financiera lo encontrará en este libro.

No busque excusas. No empiece a decir que no tiene dinero para un negocio. Si ya intentó un negocio y no le dio los resultados que usted deseaba, busque en estas páginas qué fue lo que hizo mal o no hizo, empiece otro negocio, y no repita los errores anteriores.

Su propio negocio, no solamente es la solución para su necesidad económica de ahora, sino su mejor alternativa para restablecer el crédito afectado y empezar de nuevo.

¡Bienvenido al club de los que, con la ayuda de Dios, hemos sabido levantarnos y seguir adelante, mejor que antes!

Capítulo 1
¿Qué es un negocio casero?

"Los ha llenado de gran sabiduría para realizar toda clase de artesanías, diseños y recamados en lana púrpura, carmesí y escarlata, y lino. Son expertos tejedores y hábiles artesanos en toda clase de labores y diseños" (Éxodo 35:35).

La descripción legal de un negocio casero, que coincide con lo que se define como un negocio pequeño, es la siguiente, según la Administración de Pequeños Negocios federal ("Small Business Administration" o "SBA"):

"Un negocio pequeño ('small business') es un negocio privadamente operado, con un pequeño número de empleados y un relativamente bajo volumen de ventas. Los negocios pequeños son normalmente corporaciones, sociedades o propiedades individuales. La definición legal de "pequeño" varía históricamente, por país y por industria, pero

generalmente tiene menos de 100 empleados en Estados Unidos y menos de 50 empleados en la Unión Europea".

La frase que reza "relativamente bajo volumen de ventas" no implica que sea un volumen minúsculo. Una persona que comience a operar un negocio desde su casa, con poco o ningún capital, no tendrá empleados. Si tiene, será uno o dos. Su negocio es "pequeño" en volumen de ventas. Cuando el negocio crece, opera con 99 empleados (menos de 100) y llega a tener ventas millonarias, todavía está legalmente considerado un "pequeño negocio".

Permítame darle un ejemplo de mi experiencia. En la década de los sesenta yo residía en Puerto Rico. Estaba recién casado, tenía una hija de un año de edad y otro hijo en camino. Trabajaba en una agencia de publicidad, pero ganaba poco para cubrir mis necesidades. Anticipé que para cuando llegara el segundo miembro de la familia, el sueldo no me alcanzaría.

La única solución al problema era un negocio propio. Renuncié a mi trabajo y abrí una agencia de publicidad y relaciones públicas, desde mi casa. El total de empleados era uno solamente: YO. Con el tiempo, mi madre pasó a ser mi asistente. Ya éramos dos empleados. Más adelante, según crecía la lista de clientes, tuve que alquilar una oficina fuera de casa y contratar otra asistente. Años después, la agencia contaba con dos valiosos socios y ocupaba todo un piso en uno de los más elegantes edificios de oficinas en la ciudad de

San Juan. Teníamos doce empleados y las ventas eran de varios millones de dólares al año. El primer cliente que tuvo mi agencia, y el que me motivó a que me independizara, fue Aníbal L. Arsuaga, Inc., una compañía de ventas de artículos industriales. El fenecido Don Aníbal Arsuaga fundó su empresa como representante de una línea de tuberías de cobre. En sus comienzos, operaba el negocio desde la marquesina de su residencia. Al momento de convertirse en mi cliente, en la década de los sesenta, la firma tenía varias tiendas por toda la Isla, más de 80 empleados, una flota de una veintena de vehículos y ventas multimillonarias. En la década de los setenta, la empresa Aníbal L. Arsuaga, Inc. fue reconocida por el presidente de los Estados Unidos como el "Small Business of the Year" (Pequeño Negocio del Año).

Tenga mucho cuidado con la interpretación de "pequeño negocio". No caiga en el error de menospreciar el calificativo. Cualquier negocio que usted comience a operar desde su casa es un negocio pequeño, pero con el potencial de convertirse en un pequeño gigante. Todo depende del empeño que usted ponga en él y la fe que tenga en que Dios estará a su lado durante todo el camino.

Por si el concepto de negocio casero es nuevo para usted, o lo ha menospreciado en algún momento, lea con interés esta próxima sección. Se convencerá de cuán importantes son los negocios caseros para la economía de los Estados Unidos y para millones de personas como usted.

Los negocios caseros son la orden del día

En Estados Unidos, las estadísticas muestran que desde hace diez años surge un negocio pequeño cada once segundos. Más de la mitad de estos negocios son negocios caseros. En los próximos once segundos, usted puede ser parte de esa estadística.

Al presente, el panorama económico global favorece cada vez más la tendencia a crear un negocio desde la casa. Según muchos economistas, dicha inclinación va a continuar creciendo, sin importar si surge, permanece, o desaparece una recesión completa en la economía nacional.

¿A qué se debe esto? Los mismos economistas dicen que la gran desilusión de los empleados con el sistema corporativo ha reforzado su deseo de levantar negocios propios y lograr una mejor calidad de vida. Ya explicamos cómo ha crecido la cantidad de empleados despedidos que entran a trabajar a tiempo parcial, mientras crean negocios propios desde sus casas.

Las causas principales detrás de estas tendencias son las siguientes:

I.   El "intercambio empresarial" entre una oficina casera y otra, permite a un nuevo empresario colaborar beneficiosamente con otro, en actividades o negocios de una envergadura mayor a los que él pudiera tener acceso por sí solo.

2. Nuevas y poderosas tecnologías para negocios caseros permiten a sus dueños ser igual de productivos que los que laboran desde oficinas comerciales.

3. El acceso a la Internet y el creciente aumento de sistemas de comunicación y equipos electrónicos diseñados para negocios en la casa facilitan ofrecer servicios, controlando gastos operacionales.

4. Un creciente número de compañías crea posiciones que permiten a los empleados trabajar desde sus casas, o contratan los servicios de empresarios de negocios caseros.

5. Los despidos masivos de empleados en las grandes empresas, y una economía mundial cada vez más inestable, abren una mayor oportunidad para la creación de negocios en casa.

6. El ingreso del empleado no le alcanza para cubrir sus gastos. Existen muchas compañías que no sólo han reducido el número de empleados, sino también han reducido los salarios y los beneficios marginales a los empleados existentes. Cada vez es más

frecuente encontrar empleados que trabajan para una empresa y a la vez tienen un negocio propio desde su hogar.

Yo soy testigo, dentro de mi propia familia, de la verdad de estas tendencias. Mis dos hijos varones trabajan actualmente para empresas grandes y, además, tienen negocios caseros. El menor de ellos es especialista cibernético. Trabaja para una compañía médica, y además, él y su esposa atienden clientes privados desde su casa, en un negocio de creación de páginas "web" y servicio de computadoras. El esposo de mi hija se dedica completamente a su negocio casero. Él y mi hijo mayor eran exitosos corredores de bienes raíces y tras la caída de esta industria, alrededor del año 2007, tuvieron que buscar fuentes alternas de ingresos a través de negocios desde sus casas.

Todos en mi familia somos parte de las actuales estadísticas nacionales sobre negocios pequeños. Eso no constituye malas noticias. Todo lo contrario.

Estadísticas nacionales sobre negocios pequeños[*]

+ Representan el 99% de todas las firmas que emplean trabajadores.

---

* Fuentes: Departamento de Comercio de EE.UU. (US Census Bureau, and International Trade Adm. 2007) y U.S. Department of Labor, Bureau of Labor Statistics.

✦ Proveen empleo a más de la mitad de todos los empleados en el sector privado.

✦ Pagan el 44% de la nómina privada en todo el país.

✦ Han generado el 64% de los nuevos empleos en los pasados 15 años.

✦ Crean más de la mitad del Producto Doméstico Bruto (GDP, según sus iniciales en inglés), de los negocios no agrícolas.

✦ Proveen trabajo a un 40% de los empleados en la industria de alta tecnología, como los científicos, ingenieros y programadores de computadoras.

✦ En promedio, el 52% opera desde los hogares y un 2% son franquicias.

✦ Representan un 97.3% de todos los exportadores identificados.

✦ Producen 13 veces más patentes por empleado que las grandes firmas.

Las mismas fuentes indican que en el 2008 (año más reciente en el que se analizaron) había prácticamente 30 millones de negocios pequeños en los Estados Unidos.

La Administración de Pequeños Negocios del país (SBA) tiene datos indicando que en el año 1992, más de 55,000 negocios pequeños generaban sobre un millón de dólares en ingresos anuales, cada uno. Este número de negocios decayó en años recientes, dada la recesión que afectó al país (y afecta todavía, al momento de escribir este libro). Sin embargo, el porcentaje de sobrevivencia de los negocios pequeños en tiempos de crisis, es mucho mayor que el de las grandes empresas, dada su flexibilidad para adaptarse con rapidez a los cambios económicos. Este dato salió publicado en varias revistas financieras de renombre como *Business Week* y *US Today*. Otra realidad es que algunas empresas que son gigantes hoy día, se fundaron como pequeños negocios durante recesiones económicas.

Según estudios de la SBA, de un 40 a un 44% de todos los negocios caseros necesitaron menos de $5,000 de inversión inicial (en la lista de negocios del capítulo próximo veremos que algunos necesitan mucho menos que eso). Por el contrario, más de una cuarta parte de los negocios convencionales necesitó más de $25,000 para su comienzo. Una tercera parte de todos los negocios desde casa usa dinero propio en dicho comienzo (un 46% usa sus propios ahorros).

En el 2005, las minorías (y los hispanos somos una minoría) eran dueños del 15.1% de todos los negocios de la nación estadounidense, es decir, más de 3 millones de empresas, de las cuales un 99% eran pequeños negocios. Los negocios propiedad de minorías representaban más de $590 mil millones de dólares en ingresos.

Más de la tercera parte (un 40.2%) de los negocios propiedad de minorías era propiedad de hispanos. Le seguían los asiáticos, con 28.1%; los afroamericanos con 28% y los indios americanos con un 6.7%. El porcentaje de negocios propios cuyos dueños son hispanos, aumenta dramáticamente cada año.

Los dueños de negocios caseros trabajan un promedio de 26 a 35 horas semanales en sus empresas. En contraste, los dueños de negocios convencionales trabajan de 35 a 43 horas a la semana, es decir, un poco más que sus propios empleados. Menos de un 5% de los negocios caseros se muda eventualmente a otras facilidades.

Como promedio, los dueños de negocios propios ganan, por lo menos, un 25% más que la población general (según la empresa crediticia *Experian*, en 2006).

¿No le parece realmente tentador?

Capítulo 2

Con la ayuda de Dios

"Mi ayuda proviene del Señor, creador del cielo y de la tierra" (Salmos 121:2).

¿Qué tiene que ver Dios con tener un negocio en casa? Desde que publiqué el primero de mis libros, *Aprenda inglés con la ayuda de Dios*, la pregunta inevitable de muchas personas, y de muchos escépticos, fue ¿por qué con la ayuda de Dios? ¿Qué tiene que ver Dios con que alguien aprenda inglés?

Sencillamente que **con la ayuda de Él, todo se puede, y sin Él, nada podemos hacer.**

"Porque yo soy el Señor, tu Dios, que sostiene tu mano derecha; yo soy quien te dice: No temas, yo te ayudaré" (Isaías 41:13).

"Yo soy la vid y ustedes son las ramas. El que permanece en mí, como yo en él, dará mucho fruto; separados de mí no pueden ustedes hacer nada" (Juan 15:5).

Algunas personas tienen reservas acerca de relacionar a Dios con el dinero o los negocios. Les conviene recordar que el Señor nos quiere en prosperidad en todas las áreas y que mientras más dinero ganemos, más podremos hacer en su nombre. Dios nos quiere ver ganando mucho dinero y administrando fielmente todos los recursos que Él pone en nuestras manos.

El dinero

Es sorprendente que muchos creyentes piensen que el dinero es algo sucio y que el Señor nos quiere pobres. Es algo así como si la palabra "dinero" fuera una mala palabra. Sin embargo, es interesante mencionar que la Biblia contiene más de 2,000 referencias al dinero, incluyendo la manera correcta o incorrecta de usarlo. Inclusive, más de la mitad de las parábolas de Jesús tienen que ver con el dinero.

La realidad es que el dinero no es bueno ni es malo. Es el uso que demos al dinero lo que le da una u otra característica. Los estudiosos de la Palabra de Dios saben que Dios no critica ni prohíbe usar el dinero. En la Biblia, ganar dinero no es malo. Lo malo es amar el dinero, codiciarlo y usarlo para mal.

Dios quiere que ganemos suficiente dinero para

nuestra jornada en esta vida; para satisfacer nuestras necesidades y las de nuestros seres queridos. También quiere que ganemos y tengamos suficiente dinero para darle a Él y su obra, de manera que ésta continúe por los siglos de los siglos.

No tema en ganar todo el dinero que usted legalmente pueda. Sólo no permita que éste domine su vida y se convierta en otro dios. Su único Dios debe ser Jesucristo.

Un negocio desde casa

El suceso cuando Jesús expulsó violentamente a los mercaderes del templo, no significa que Jesús está en contra de los comerciantes. Jesús expulsó a aquellos mercaderes, primero, porque estaban haciendo negocios dentro de la casa de Dios, y segundo, porque se aprovechaban de los creyentes mediante engaños.

La Biblia menciona repetidamente el hecho de "hacer negocio" o de tener "responsabilidades". En algunas versiones de las Escrituras, vemos que en vez de usarse la palabra "responsabilidades", se usa la palabra "negocio" (refiriéndose a lo que conocemos como negocio propio).

Desde Génesis, los negocios se ven como algo normal en las vidas de las personas:

> *"Estos hombres se han portado como amigos. Dejen que se establezcan en nuestro país, y que lleven a cabo sus* **negocios** *aquí, ya que hay suficiente*

espacio para ellos. Además, nosotros nos podremos casar con sus hijas, y ellos con las nuestras" (Génesis 34:21, énfasis del autor).

En 1 Tesalonicenses 4:10-12, dice: *"En efecto, ustedes aman a todos los hermanos que viven en Macedonia. No obstante, hermanos, les animamos a amarse aún más, a procurar vivir en paz con todos, a ocuparse de sus propias* **responsabilidades** *y a trabajar con sus propias manos. Así les he mandado, para que por su modo de vivir se ganen el respeto de los que no son creyentes, y no tengan que depender de nadie"* *(énfasis del autor).*

Como ustedes ven, y se explica en Génesis, la Palabra exhorta a ganar y progresar en un negocio.

"Así ustedes podrán vivir entre nosotros y el país quedará a su disposición para que lo habiten, hagan **negocios** *y adquieran terrenos" (Génesis 34:10, énfasis del autor).*

Mi intención aquí no es en entrar en un debate bíblico, ni interpretar las Escrituras, pero es obvio que el Señor quiere para nosotros éxito y progreso en la vida.

El éxito

La meta de operar un negocio desde la casa es tener éxito. La realidad es que en la Biblia, la palabra "prosperidad" aparece casi siempre muy ligada a la palabra "éxito". No se puede tener éxito sin haber prosperado y viceversa. Sin embargo, la palabra "éxito" o "exitosamente" aparece muy pocas veces en las Escrituras. Una de ellas es en Josué 1:7-9:

> *"Sólo te pido que tengas mucho valor y firmeza para obedecer toda la ley que mi siervo Moisés te mandó. No te apartes de ella para nada; sólo así tendrás éxito dondequiera que vayas. Recita siempre el libro de la ley y medita en él de día y de noche; cumple con cuidado todo lo que en él está escrito. **Así prosperarás y tendrás éxito.** Ya te lo he ordenado: ¡Sé fuerte y valiente! ¡No tengas miedo ni te desanimes! Porque el SEÑOR tu Dios te acompañará dondequiera que vayas" (énfasis del autor).*

El éxito y la prosperidad que se mencionan bíblicamente, no siempre tienen que ver con el dinero y los negocios. Sin embargo, el verdadero éxito y la prosperidad, en muchas ocasiones, tienen que ver con el área de las finanzas.

¿Qué debe ser el éxito para nosotros? Una vieja traducción del idioma hebreo lo define como: *"Éxito es para mí, el consistentemente moverme, caminar, hacia cumplimentar el plan y los propósitos de Dios para mi vida, de acuerdo a mi potencial. Es un camino, no es un destino final".*

Esa debe ser nuestra manera de ver el éxito, la prosperidad y nuestra meta en la vida: un camino hacia el cumplimiento de los propósitos de Dios, según nuestras habilidades y nuestro deseo de hacer su voluntad. Si así lo hacemos, Él nos recompensará adecuadamente. No temamos a hablar de dinero y negocios, pues ambos son vehículos que nos ayudan a movernos por ese camino.

¿Cómo puede ser posible que Dios vea con malos ojos que tengamos un negocio en casa si el propio padre terrenal de Jesús tuvo un negocio de carpintería en su casa? ¿Cómo puede ser posible que a Dios no le agrade que tengamos un negocio en casa, si el mismo Jesús trabajó como carpintero desde su propia casa? Ambos estaban en sus respectivos caminos, conforme al plan de Dios.

> *"...pues Dios es quien produce en ustedes tanto el querer como el hacer para que se cumpla su buena voluntad"* (Filipenses 2:13).

Ya sabemos que Dios está de acuerdo en que usted se levante de su crisis financiera, haga negocios y gane dinero. Vamos ahora a confrontar un impedimento que todos tenemos en momentos como éste.

Capítulo 3
Venza el miedo

"…No se angustien ni se acobarden" (Juan 14:27).

"Pues Dios no nos ha dado un espíritu de timidez, sino de poder, de amor y de dominio propio" (2 Timoteo 1:7).

Su primera excusa para no crear un negocio es el miedo, aunque se le haga difícil admitirlo. El miedo es el primer impedimento que tiene que eliminar, porque es su peor enemigo en su camino hacia el progreso. Enfréntese a esto.

Un examen objetivo del miedo le dirá que lo peor ya pasó: ya perdió el trabajo, no ha podido emplearse enseguida, ya no tiene crédito, necesita dinero en efectivo porque no puede ni usar las tarjetas de crédito, perdió el plan médico, si lo tenía, y tal vez ya se fue a la bancarrota. Sin embargo, usted no puede pensar objetivamente. Se siente atrapado y como si estuviera en un callejón sin salida. Está desesperado. Hasta piensa que Dios se ha olvidado de su familia y de usted. (Probablemente es usted quien se ha olvidado de Dios.) Sin embargo, ya le han pasado tantas cosas que usted quizás no esperaba, que sigue esperando más eventos negativos.

No se sienta mal. El miedo es la primera reacción natural humana ante las amenazas, pero no podemos albergarlo mucho tiempo. Paraliza y no nos deja ver la verdad. La verdad es que su situación es temporera. Dios le dio todo lo que usted necesita para levantarse de su crisis, más la ayuda de Él. Es mejor que invierta sus energías en lo siguiente:

1. Reconozca que, ante todo, usted es un ser espiritual. Busque de Dios.

2. Entienda bien que el miedo no es de Dios. Lea los versos que aparecen al inicio de este capítulo. Dios nos dio espíritu de poder, no de temor.

3. Sacúdase el miedo. El miedo es fe en lo negativo y es paralizante.

4. Desarrolle su fe. La fe lo va a sacar de donde está, cuando usted actúe sobre esa fe. "Así también la fe por sí sola, si no tiene obras, está muerta" (Santiago 2:17).

5. Aprenda a depender de Dios. Él es el mejor jefe que usted puede tener. Podrá cambiarle el trabajo, pero nunca lo va a despedir. A fin de cuentas, el jefe que usted tuvo hasta hace poco era sólo un canal de bendición. Su proveedor es Dios.

6. Estúdiese bien e identifique cuáles son sus talentos y habilidades. Ahí tiene un negocio propio esperando que usted lo ponga a trabajar.

7. Deje de buscar excusas y "peros" para leer este libro y todas las posibilidades de negocios que le presento. Muchos hubieran deseado tener acceso a una guía tan completa como ésta. Si aquí no hay un negocio que le guste, invénteselo. Siga las mismas reglas y tendrá el mismo éxito.

8. Admita que su única alternativa para nunca más sentir amenazado su sustento, es establecer su propio negocio.

9. Entienda que su única opción para dejar de sentir que otro controla su ingreso y su futuro es creando un negocio propio. En su negocio, el control lo tienen Dios y usted.

Después de hacer todo esto, tome acción. El mejor antídoto del miedo, después de la fe y la oración, es la acción determinada y la decisión de no volver atrás jamás.

De aquí en adelante, usted depende de Dios y de usted. Dios ya prometió que prosperará todo lo que haga. ¡A usted le corresponde hacer su parte!

Muévase lejos del miedo hacia la gran satisfacción de levantar su propio negocio, con la ayuda de Dios.

Capítulo 4
La decisión

"Por causa de tus justas decisiones el monte Sión se alegra y las aldeas de Judá se regocijan" (Salmos 48:11).

Lo más difícil para establecer un negocio en la casa, o para hacer cualquier cosa, es el tomar la decisión de hacerlo. Sin embargo, la vida es una cadena de decisiones. Siempre tendrá que escoger entre una cosa u otra. Pero, ¿qué es escoger sino tomar una decisión?

Durante toda mi carrera profesional, he enseñado una fórmula para tener éxito en cualquier tarea que emprendamos en la vida. Esa fórmula del éxito es bien sencilla, sólo tiene cinco pasos y van en este orden:

1. Creer en Dios
2. Decidir

3. Hacer

4. Evaluar y corregir

5. Seguir haciendo

Para hacer algo exitosamente, ante todo, hay que tener una fe inquebrantable en Dios. Debemos creer con todo nuestro corazón que es su deseo que tengamos éxito en lo que emprendamos. Luego, tomar la decisión y, finalmente, hacerlo. Parece simple, ¿verdad? Sin embargo, el más difícil de los pasos es el segundo: decidir. A menudo, pasamos meses y años pensando hacer algo. Cuando tomamos la decisión, notamos que ocurrió en un momento. Un ejemplo es llamar a alguien para pedirle perdón por algo que hicimos. Otro ejemplo es, como dicen aquellos que una vez fumaron y luego lograron vencer el hábito: "tomó mucho tiempo decidirlo, pero dejar de fumar fue tan rápido como los segundos que tomó lanzar a la basura la última cajetilla de cigarrillos".

Si la decisión se relaciona con la idea de crear un negocio, a veces dejamos pasar el tiempo, dándole largas al asunto, hasta que un día nos despiden del empleo o nos reducen el salario. Para tener un medio de subsistencia, nos vemos casi obligados a iniciar aquel negocio que soñamos. Primero, nos enojamos con el que nos despidió. Años más tarde, quisiéramos darle las gracias. Las historias de muchos negocios empezaron con situaciones así. Esa decisión, aunque casi la tomó otro por nosotros, sólo tomó un momento.

Al decidirnos, el paso de "hacer" va de la mano. En muchas ocasiones, decidir y hacer son acciones simultáneas, porque lo que tomó valentía fue determinarnos. Si llegamos al momento de ejecutar la decisión, ya hemos perdido el miedo y seguimos adelante en el plan.

La fórmula continúa con el paso 4, que se divide de la siguiente forma:

+ Evaluar lo que hacemos y decidir si se están obteniendo los resultados deseados.

+ Analizar qué hacemos incorrectamente o qué es lo que no estamos haciendo.

+ Corregir tal situación y pasar al siguiente paso: seguir haciendo. Rara vez se consigue el éxito haciendo algo una sola vez o por corto tiempo.

Pero volvamos al segundo paso. Tomar una decisión es difícil, porque implica cambios hacia algo nuevo. Por naturaleza, tememos a todo lo nuevo. Sea lógico. Su situación actual no es buena, así que lo nuevo tiene que ser mejor. No hay nada qué temer. Usted decidió establecer un negocio en casa, porque sus ingresos actuales son insuficientes o ningunos, o como en muchos casos, tiene que ganar dinero para mantener a su familia y pagar sus deudas.

Según los estudiosos del tema, cualquier situación en la que estemos es resultado de lo que hemos hecho o dejado de hacer, durante los pasados 5 a 8 años. Tal vez permanecimos demasiado tiempo en un empleo de bajos ingresos, donde no había posibilidades de crecimiento. Probablemente no nos ocupamos a tiempo de buscar otras alternativas. Quizás cuando teníamos el tiempo o la libertad personal, no aprovechamos para estudiar una carrera o profesión, y ahora estamos casados, con hijos a quienes mantener. Tal vez aprovechamos unas ofertas de compras de viviendas y somos víctimas de los aumentos en las hipotecas y las devaluaciones de las casas. Quizás usamos demasiado las ofertas de crédito de las tarjetas. Posiblemente acabamos de llegar al país, y lo que sabíamos hacer en el nuestro, no lo podemos hacer aquí por no tener la licencia requerida. Probablemente, nos acomodamos en una situación y no pudimos prever lo inesperado. En fin, llegamos a una crisis financiera personal que se complicó con el cuadro económico nacional.

En cualquiera de estos casos, y en los cientos de otras posibilidades similares, la palabra final es que necesitamos ganar dinero AHORA. Queda un camino: ganar dinero desde la casa.

Si todavía tiene dudas, vuelva a mirar a su alrededor. Nadie tiene su empleo seguro, si es que lo tiene. Los medios noticiosos informan a diario sobre miles de empleados, hasta gerentes y ejecutivos, lanzados a la calle por diferentes razones.

Bajo estas circunstancias, es una gran opción crear un negocio que se pueda operar desde la casa, aún para aquellos que están empleados. La persona podría hacer crecer el negocio poco a poco, ya sea sola o con la ayuda de su cónyuge, y tenerlo como un paracaídas de emergencia si algo sucede con su empleo actual. Como dice un viejo refrán: "Más vale precaver que tener que lamentar".

Ventajas y desventajas de establecer un negocio en casa

Ya que toda decisión debe tener una buena base de información, estudiemos los pros y los contras de establecer un negocio casero.

Ventajas

1. Un negocio en su casa le elimina el costo de una oficina, que es uno de los mayores gastos en cualquier negocio pequeño.

2. Un negocio en su casa le permite deducir, de su planilla de contribuciones sobre ingresos, una parte de sus gastos recurrentes. Siempre y cuando usted siga al pie de la letra los requisitos, en la mayoría de los casos, podría deducir un porcentaje de los pagos de la casa, gastos de electricidad, teléfono, mantenimiento y otros gastos que se puedan relacionar con las operaciones del negocio, como los de su

vehículo. Consulte a un contable respecto a todas estas deducciones.

3. Un negocio en su casa le permite tener un trabajo con flexibilidad de tiempo. Esto es casi imposible encontrarlo en un empleo o en un negocio que operemos desde un local u oficina fuera de la casa.

4. Un negocio propio en su casa le permite generar dinero con un mínimo de inversión de capital. Usted planifica, traza sus metas y administra su negocio enfocado en sus metas.

5. Ya que usted administra, usted sabe cómo progresa su negocio, por lo que le permite trazar metas para restablecer su crédito, si lo perdió.

6. En un negocio propio en su casa, ¡usted es su propio jefe! El resultado de todos sus esfuerzos le rinden beneficios únicamente a usted.

Desventajas

1. Uno de los principales retos de trabajar desde la casa es establecer límites bien definidos entre el trabajo y las relaciones u obligaciones familiares. A la familia, y hasta a algunas amistades, les resultará difícil asimilar que usted tiene que hacer un

trabajo, aún estando en la casa. Se necesita mucha diplomacia y paciencia para evitar conflictos familiares.

2. Se requiere mucha autodisciplina y motivación para permanecer dentro de las metas de un negocio en casa. Muchos dueños de negocios caseros tienen dificultad adaptándose a la soledad profesional de trabajar desde la casa.

Finalmente, antes de que escoja cuál tipo de negocio le interesa operar desde su casa, investigue si hay reglamentos especiales de la ciudad, condado o estado donde usted reside, que apliquen a ese tipo de negocio. Analice bien las ventajas y desventajas que ese negocio en específico puede representar para su casa.

¿Por qué un negocio casero es tan importante para mí?

Yo no veo un negocio casero como un mero negocio en mi casa. Más importante que eso, está el hecho de que es un negocio propio. Es mi negocio. Yo fijo las pautas y las tarifas. Yo soy el dueño, amo y señor, y mi único jefe es Dios. Es mi responsabilidad, pero también es mi libertad. No tengo a nadie exigiéndome, ni diciéndome qué hacer a cada hora, ni mirando por detrás de mi hombro. Trabajo para mí y los míos, y no para nutrir las arcas de otra persona o compañía. Por supuesto, tengo que estar consciente de rendir el mejor servicio a mis clientes.

Aunque es cierto que aquella agencia de publicidad de gran tamaño que tuve en Puerto Rico era también un negocio propio, disfruto más mi actual negocio casero, que es tan propio como aquel, pero con menos responsabilidades. Increíblemente, mi actual negocio me deja más ganancias que aquella agencia y sólo invertí unos pocos dólares para empezarlo. Más importante, me permite un mayor tiempo libre para hacer cosas que me gustan, como escribir libros.

Hace unos diez años, un amigo me preguntó: "Paco, ¿cuál ha sido el trabajo que menos te ha gustado en la vida, el más desagradable para ti?". No titubeé ni un instante para contestarle: "Ninguno. Todos y cada uno de ellos los disfruté inmensamente".

Sin embargo, hoy no puedo negar que a pesar de que trabajé años para otros, disfruté más de mis negocios propios. En mis negocios propios obtuve ganancias sustanciales, pero la verdadera razón por la que me gustaron más es por la calidad de vida que ellos me han permitido tener. Gracias a que me independicé aproximadamente a los 20 años de edad, pude disfrutar a cabalidad la crianza de mis hijos y enseñarles la importancia de la vida en familia.

En una sociedad que ha perdido tantos valores humanos, me siento muy afortunado y orgulloso de decir que todos mis hijos son personas de bien, fieles a sus valores, creyentes y respetuosos de sus propias familias. Tengo la firme convicción de que esto se logró, primero, gracias a la mano todopoderosa de nuestro

Señor; segundo, a las manos de mi difunta esposa y mi difunta madre; y tercero, a los ingresos, la libertad y las bendiciones que llegaron como resultado de tener un negocio propio.

Conozco personas que prefieren su negocio propio, aunque devenguen menos ingresos que en su empleo anterior. La libertad de un negocio propio les permite llevar a sus hijos a la escuela y recogerlos, y asistir a sus actividades escolares. Cuentan con el tiempo para disfrutar de su familia. Pueden tomar vacaciones cuando lo deseen y el tiempo que deseen. Si un día prefieren no trabajar e irse de playa, lo hacen con plena satisfacción. Lo mismo le puede suceder a usted con algunos de los negocios que le sugiero más adelante, que sólo requieren una pequeña inversión.

Para mí es importante tener este tipo de libertad, mientras pueda tener un negocio que me provea más ingresos que un empleo, como es el caso de mi negocio actual. Lograr ese estilo de vida requiere que usted se decida. Ore, pídale orientación al Señor y tome la decisión. La Palabra dice en 1 Corintios 15:58:

> *"Por lo tanto, mis queridos hermanos, manténganse firmes e inconmovibles, progresando siempre en la obra del Señor, conscientes de que su trabajo en el Señor no es en vano".*

La indecisión no hace sonar la caja registradora ni lleva dinero a su banco. En el tiempo que se tome leer este libro, usted podría haberse ganado unos $200 o $300 en un negocio como el mío, y quizás más que eso, en otro tipo de negocio.

En el mundo empresarial, repetimos una frase de motivación para ayudar a los demás a decidirse a tener un negocio propio: "*Si piensas que puedes, tienes razón. Si piensas que no puedes, tienes razón*". La frase establece que todo lo que pensamos es lo que conseguimos, porque es lo que nos proponemos inconscientemente. Sin embargo, como cristianos podemos creer a lo que la Biblia dice: "*Todo lo puedo en Cristo que me fortalece*" (Filipenses 4:13). Si Dios le está llamando para que trabaje su propio negocio como parte de los planes y propósitos que Él tiene para su vida, absolutamente nada impedirá que usted sea exitoso.

Capítulo 5
Estados Unidos es un país de leyes

"Ayuda en todo lo que puedas al abogado Zenas y a Apolos, de modo que no les falte nada para su viaje" (Tito 3:13).

Los Estados Unidos de América es un país de leyes. Estas le dan orden al sistema de vida estadounidense, y han logrado esa continuidad de libertad personal, social y general, que a veces no se disfruta en algunos de nuestros países de origen. Por lo tanto, cada persona que vive aquí debe obedecer las leyes. Son muchas las leyes que reglamentan el establecimiento y las operaciones de un negocio. Veamos las principales:

Reglamentos de zona
("Zoning Regulations")

La ciudad donde usted reside tiene reglamentos de zona que determinan cuáles son los tipos de negocio que puede operar desde su casa. Estos varían de una ciudad a otra, de un condado a otro y de un estado a otro. La manera más fácil de averiguar cuáles aplican en su caso es visitar la Junta de Zonificación de su ciudad. Puede encontrar su localización en la Internet o en la guía telefónica.

Cuando vaya a dicha oficina, solicite hablar con algún oficial. Hágale preguntas generalizadas, y evite dar su nombre y dirección para no causar que ellos comiencen una investigación, cuando sólo está en una etapa de estudio. Limítese a hacer preguntas acerca del área donde vive y el tipo de negocio que planifica crear, y si existe algún reglamento que le aplique.

Generalmente, los reglamentos de zona tienen descripciones amplias y vagas, tales como "negocios caseros usuales". Ocasionalmente, incluyen una lista de usos permitidos y detalles, tales como el número de empleados permitidos, el número de clientes y visitantes, su frecuencia de visita en un mismo día, qué porción de su casa puede usar para negocio (garaje, marquesina, estudio, etc.) y la rotulación permitida. Es importante conocer todos estos detalles al comienzo, porque es común que las primeras quejas que reciben las autoridades acerca de nuevos negocios, provienen de los vecinos. En Estados Unidos, las personas son muy protectoras de la tranquilidad en sus hogares. Por consiguiente, lo ideal es que su negocio casero no cause molestias a sus vecinos.

Restricciones al uso de la propiedad

Propiedades alquiladas

Si usted es inquilino de la casa donde reside, primero consiga permiso del dueño de la propiedad para operar el negocio. Muchos de los contratos de arrendamiento prohiben subarrendar la propiedad u operar un negocio en ella. De ser así, intente negociar con el propietario y si él acepta, redacte una enmienda al contrato, donde se establezca que él permite el negocio suyo en la propiedad.

Condominios

Los edificios de apartamentos en condominio usualmente tienen varias restricciones al uso de la propiedad, sea propia o alquilada. Si usted vive en uno, lea detenidamente su contrato antes de iniciar un negocio desde su casa.

Apartamentos

Lo anterior es igual de importante si usted vive en un apartamento que no sea parte de un edificio en condominio. Muchos de los contratos de arrendamiento de apartamentos privados (de un solo dueño, persona o compañía) son por alquiler de mes a mes (en lugar de ser anual). Este tipo de contrato le permite al dueño desalojarlo con sólo un mes de aviso y sin dar explicación alguna, si él considera que su negocio lo perjudica a él.

Reglamentos de su condado

Toda ciudad pertenece a un condado. Todo condado pertenece a un estado. Al igual que en su ciudad, el condado donde usted reside puede tener un reglamento y requisitos de licencias o permisos para operar un negocio desde su casa.

Hay secciones de condados, inclusive vecindarios enteros, que no pertenecen a ninguna ciudad. Se llaman "zonas sin incorporar". En ese caso, es el propio condado el que reglamenta dicha zona.

Reglamentos de su estado

Todos los estados requieren licencias estatales para la mayoría de los negocios, sean caseros o no. Su abogado o usted deben comunicarse con la oficina del Departamento de Estado de su estado e investigar cuál agencia estatal, si alguna, tiene la responsabilidad de reglamentar el negocio que usted planifica operar. Indague cuáles son los requisitos para obtener una licencia. Es posible que tal información ya exista en la página de la Internet del Secretario de Estado o del estado donde usted resida.

La estructura legal de su negocio

Quizás usted esté pensando en tener un negocio sencillo, donde usted sea la única persona involucrada en él, tal vez con su pareja. Hablamos de un negocio donde usted va a realizar un trabajo, cobrar por el mismo y depositar los ingresos en su cuenta bancaria personal. Ese tipo de negocio se llama de "propietario único", porque usted es el único dueño y es totalmente responsable por todo lo que se haga en el negocio.

Es posible también que el negocio que desea empezar sea un poco más complejo, requiera una inversión mayor, tener algún socio, o realizar un tipo de trabajo o servicio de mayor envergadura, como una franquicia.

El próximo paso para establecer su negocio es escoger cuál va a ser el tipo de estructura legal que le conviene: una corporación tipo C o tipo S, una sociedad, un negocio de propiedad única, o una compañía de responsabilidad limitada ("Limited Liability Company" o LLC).

Lo que define su necesidad de escoger sabiamente dicha estructura son dos factores:

1. Si usted va a tener algún socio, si piensa vender acciones de su negocio a un número alto de socios inversionistas, o si va a permanecer como "propietario único".

2. Si el tipo de producto o servicio que usted va a ofrecer puede exponer a su cliente a algún daño, por ejemplo, productos de consumo, servicios de consejería, atención o cuidado personal a otros.

En cualquiera de esos dos casos, considere crear una corporación.

El objetivo principal de cualquier tipo de corporación es protegerle de demandas, de parte de deudores o perjudicados, que puedan poner en peligro sus propiedades o capital. El segundo propósito es darle la oportunidad de vender acciones de su negocio, si así lo considera.

Cuando decida qué tipo de corporación crear, constituirla tiene dos costos: una tarifa de incorporación establecida por el Departamento de Estado y los honorarios del abogado, si contrata a uno para hacer la gestión por usted. Existen programas cibernéticos ("software") y páginas en la Internet que le permiten a usted mismo crear una corporación (por ejemplo, en el estado de Florida, www.sunbiz.org).

Le recomiendo que invierta dinero en contratar a un profesional con quien discuta los pros y los contras de cada tipo de corporación, y cuál es su mejor alternativa. El secreto está en conseguir un abogado con buena experiencia, que no sea costoso (dependiendo del abogado, sus tarifas por este servicio pueden fluctuar entre $100 o $200, hasta miles de dólares).

Si tiene afectado su crédito, haya o no haya radicado bancarrota, informe al abogado y consúltele cuál estructura legal le conviene. Su plan debe ser levantar un negocio que cubra los gastos operacionales, supla sus necesidades personales y genere su propio capital de crecimiento. A la larga, el negocio tendrá las ganancias suficientes para que usted pueda restablecer su crédito personal. En muchos casos, se recomienda establecer un tipo de corporación con entidad jurídica totalmente separada de los dueños. Así el negocio crece sin heredar el daño de su crédito personal. Recuerde que le conviene proteger el crédito de esa corporación, porque a través de ese negocio, usted va a rehacer su situación financiera.

Tenga presente que una corporación es una "persona". Ella está considerada como "personalidad jurídica" y como tal, tiene que pagar impuestos, igual que usted, a menos que usted escoja crear una corporación tipo "S".

Otra alternativa es empezar su negocio como "único propietario" y más tarde constituir una corporación. Veamos las diferentes opciones:

Único propietario

No es una corporación. No hay costo alguno de crear una estructura legal. Usted es el dueño. Cualquier beneficio o utilidad que reciba del negocio se informa en su planilla de declaración personal de impuestos como "otros ingresos". El único inconveniente es que usted es responsable en cualquier demanda que surja. Un fallo adverso a usted en los tribunales puede dejarlo sin un centavo y sin propiedades.

LLC ("Limited Liability Company")

Esta es la forma más económica y sencilla de crear una estructura, sin ser corporación, que todavía proteja a los propietarios del negocio, de responsabilidades en caso de demandas. Las pérdidas y las ganancias del negocio se transfieren directamente al dueño, o socios del negocio, y se informan en las planillas individuales de contribuciones sobre ingresos. Tiene los inconvenientes de que usted deberá pagar "Self Employment Tax" (impuesto por autoempleo) sobre el 100% de su ingreso y debe pagar el "Franchise Tax" (impuesto por franquicia) del estado desde el primer año de operación, si aplicara en su estado.

NOTA: El impuesto por franquicia ("Franchise Tax") es un impuesto que algunos estados imponen, no porque usted esté operando una "franquicia comercial", sino por el "espacio" legal que usted ocupa dentro del sistema legal del estado. Su monto se determina a base del número de socios o accionistas, número de acciones emitidas, o simplemente el "valor total" de la empresa. Al momento de escribir este libro, se calcula en $800 el primer año o más, si los ingresos fueron mayores de $250,000.

Corporación tipo C

Este es el tipo de corporación que utilizan las grandes empresas con cientos o miles de accionistas. La corporación está obligada a pagar impuestos, como si fuera una persona. La estructura protege de cualquier responsabilidad a los accionistas, y es administrada por una junta de directores (usualmente los dueños principales). Si usted es socio o dueño, va a pagar impuestos al gobierno dos veces: la primera por las ganancias de la corporación, y la segunda por las ganancias personales que usted reciba.

Corporación tipo S

Esta es probablemente el tipo de corporación más usada por los negocios pequeños. Ella protege a los dueños de toda responsabilidad por daños a terceras personas, y es administrada por una junta de directores (casi siempre los dueños principales). La ventaja de esta opción sobre una corporación tipo C es que las pérdidas o ganancias del negocio pasan directamente a los accionistas y sus planillas personales de contribuciones sobre ingresos (igual que un LLC), de manera que se paga impuestos una sola vez.

El número de accionistas está limitado a 75 (al momento de escribir este libro), y todos tienen que ser residentes legales o ciudadanos de Estados Unidos. Este tipo de corporación no está sujeto al "Franchise Tax" en su primer año de operación, y el "Self Employment Tax" aplica sólo a la parte del ingreso que se utiliza como un salario para usted u otros.

Vamos a comparar las alternativas:

I. Los LLC y las corporaciones tipo C y tipo S lo protegen a usted de la responsabilidad por daños causados a terceras personas. Las sociedades y negocios de "único propietario" no lo protegen.

2. Los LLC y las corporaciones tipo S pasan las utilidades directamente a usted (y socios) sin pagar impuestos dentro de la corporación. Usted paga impuestos por la ganancia una sola vez, en su planilla personal de informe de ingresos.

3. La corporación tipo S requiere que todos los dueños accionistas sean residentes legales o ciudadanos de Estados Unidos. Las otras no lo requieren, pero pueden existir trabas dentro de los requisitos secundarios. Esto debe ser ampliamente discutido con el abogado que usted contrate.

4. Las complejidades de los diferentes tipos de impuestos como el "Franchise Tax", el "Self Employment Tax", así como cualquier tipo de imposición estatal, del condado o municipal, varían de lugar a lugar y deben ser ampliamente discutidas con el contador que usted contrate.

La contabilidad de su negocio

Un abogado es el profesional recomendado para consultar al momento de crear su negocio. Cuando el mismo ya esté creado, la persona más importante en su negocio, después de usted, es un contador público autorizado (C.P.A.).

Aún si su negocio es de tipo "propietario único", que

no tiene tanta complejidad legal, es necesario que usted lleve un control exacto de sus gastos, compras y ventas. Todos los años usted va a tener que rendirle cuentas al Servicio de Rentas Internas Federal (IRS) sobre los ingresos de ese año, presentando comprobantes, recibos, intereses bancarios y otros documentos relacionados a sus finanzas personales. Aún si usted fuera un mero empleado en una empresa, yo le recomiendo que se asesore con un experto. Ese es el contador.

Si usted contrata los servicios de un contador para llenar su planilla de contribuciones sobre ingresos, le recomiendo que también le contrate mensualmente para que le haga la contabilidad de su negocio. Esto le evitará errores. Lo único que tiene que hacer a fin de mes es enviar al contador los recibos y comprobantes del mes, el informe de ventas, cobros realizados, cheques emitidos, en fin, las actividades financieras del mes. Él le entregará un estado financiero mensual de acuerdo con los datos que usted le provea.

El contador va a cobrar una tarifa mensual por este trabajo. La tarifa se establece a base del volumen de trabajo, según su negocio vaya creciendo. Si lo utiliza durante todo el año, puede llegar a establecer una 'iguala' o acuerdo por el año, lo que resultaría en una tarifa mensual mucho más económica (quizás entre $50 a $75 inicialmente) que si lo hace mensualmente. Esta será una de las mejores inversiones que usted hará en su negocio. Todas las grandes corporaciones tienen contadores trabajando para ellos internamente, como empleados. Por algo será, ¿no cree usted?

Su cuenta de banco

Aún con un negocio de "propietario único", su contador va a recomendarle que tenga una cuenta bancaria separada de su cuenta personal. Eso facilita determinar las necesidades, pérdidas o ganancias de su negocio.

Cuando la estructura de su negocio es la de una corporación, la cuenta bancaria separada, abierta a nombre de la corporación, es una necesidad porque la corporación es una "persona jurídica" separada de usted. Si tiene afectado su crédito, uno que otro banco no querrá abrirle cuenta, alegando que el dueño de la corporación, de todas maneras, es usted y usted no tiene crédito. No se desaliente. Siempre hay en el mercado algún banco que acepte hacer negocio con una nueva corporación, porque el dueño está interesado en progresar y reivindicar su crédito.

Cada banco tiene diferentes requisitos para abrir una cuenta de negocios, aunque la cantidad inicial puede ser tan pequeña como $100.00. Su contador le sugerirá cuál banco le conviene, pero usted también puede visitar el banco de su preferencia y solicitarle a un oficial detalles de las cuentas que ofrece para negocios.

Nota del autor: La información que se ha presentado en este capítulo es una de carácter generalizado y no constituye en ningún momento un consejo legal final o garantizado.

Las leyes, regulaciones o requisitos que aquí se describen, son diferentes o tienen cambios ocasionales en diferentes jurisdicciones. Es imperativo que usted consulte con un abogado de su zona cualquier asunto legal, y con un contador todo lo relacionado a impuestos y detalles financieros.

Capítulo 6
Cuidado con las ofertas fraudulentas

Antes de presentarle muchas de las posibilidades de negocios, quiero alertarle sobre anuncios fraudulentos relacionados con ofertas de negocios. En su desesperación por generar ingresos, puede convertirse en víctima de personas inescrupulosas. Lo menos que usted necesita es perder más dinero del que ha perdido o del que necesita ganar. Tenga cuidado. Estos son los negocios en los cuales usted no debe involucrarse.

Tipos de fraude en avisos de oportunidades de negocio

Aviso de oportunidad

Ese tipo de aviso, por lo regular, aparece en los periódicos, las revistas, la radio, la Internet e inclusive en la televisión. Generalmente, ofrecen grandes ingresos en un negocio sencillo de realizar. No hay negocio propio que no requiera un gran esfuerzo y mucho trabajo de parte del dueño. Antes de invertir alguna suma de dinero por una "oportunidad de negocio", asegúrese de:

✦ Obtener una copia escrita de los pape-
les de divulgación legal ("disclosure") del
negocio.

✦ Obtener información escrita de las posibles ganancias en el negocio.

✦ Entrevistar personalmente a personas
que hayan comprado ese mismo tipo de
negocio.

✦ Evitar comprar una oportunidad por
teléfono.

Si el negocio que se ofrece es algún tipo de franquicia, pregunte al "Better Business Bureau" de su ciudad,
si la compañía es honesta.

En esta categoría de "oportunidades de negocio", están las llamadas redes de mercadeo ("Network
Marketing"), que para algunas personas tienen cierto
mal sabor al confundirlas con "pirámides" (Esquemas
Ponzi). La realidad es que estas redes son negocios legí-
timos, reconocidos por la Corte Suprema del país, pero
mi recomendación es la misma: todo negocio requiere
un gran esfuerzo, por lo que primero, investigue. Para
distinguir si una red es legítima y no una "pirámide",
verifique si hay productos físicos y reales que se compren y se vendan al público. En las "pirámides" ilegales,
no se involucran productos y sólo se paga por el derecho a reclutar otras personas. Eso sí es castigado por
la ley.

Trampas de "trabajo desde casa"

Hay empresas que le ofrecen miles de dólares a la semana por hacer cosas simples como facturar servicios médicos, rellenar sobres de correo con literatura o hacer algunas artes manuales. Estas labores, igual que los "Busca empleos", usualmente le piden un pago inicial antes de participar. No pague por una oportunidad de trabajar desde su casa, sin antes obtener respuestas satisfactorias a estas preguntas:

+ ¿Qué trabajo real tengo que hacer?

+ ¿En qué se basarán mis ganancias, en un sueldo o en comisiones?

+ ¿Quién me pagará y cuándo recibo mi primer cheque?

+ ¿Cuánto tengo que pagar en totalidad por el programa, incluyendo materiales, equipo y cuotas?

Para aprender más sobre cómo evitar estos y otros tipos de trampas, o cómo manejar sabiamente su dinero, visite www.ftc.gov y busque bajo "money matters".

Capítulo 7
¿Cuál negocio casero?

*"También cuentas con una buena cantidad de obreros:
canteros, albañiles, carpinteros, y expertos en toda clase
de trabajos"
(1 Crónicas 22:15)*

Esta es la gran pregunta. Antes de responderla, contestemos primero estas dos preguntas:

1. ¿Qué habilidades tengo?
2. ¿Cuánto dinero tengo (o puedo conseguir) para comenzar mi negocio?

Habilidades

Si usted tiene una habilidad, un pasatiempo o una experiencia que puede convertirse en algo mercadeable, ya tiene adelantado el camino para escoger el tipo de negocio que puede establecer.

Esto, sin embargo, no debe convertirse en un obstáculo hacia sus metas, si es que usted no tiene tal habilidad o experiencia. En los negocios que voy a detallar en las próximas páginas, hay varios que no requieren experiencia y pueden ser establecidos por cualquier persona, sin importar su edad, sexo o conocimientos.

Inversión inicial

Si usted sólo cuenta con $1,000 para empezar un negocio, no puede pensar en establecer un laboratorio clínico o una empresa importadora de productos del extranjero. Sin embargo, hay docenas de negocios caseros que se pueden comenzar con mucho menos que eso.

He conocido personas que necesitaban $100 o $200 para empezar un negocio, y vendieron el televisor de su casa para poder lograrlo. Poco tiempo después, ya ganaban suficiente dinero para comprar un mejor televisor. En definitiva, en cualquier negocio que usted emprenda, va a necesitar algo muy importante: un fuerte compromiso con usted mismo de hacer exitoso su negocio.

A continuación, voy a detallar algunos de esos negocios. Son sólo unos pocos ejemplos, dentro de cientos de posibilidades. Nadie mejor que usted para decidir cuál es el negocio que usted puede desarrollar. Aunque no esté en estas páginas, siga su corazón y sus sueños hacia una meta real.

━┿═

Escribir libros tipo "Cómo hacer..."

Comienzo esta lista con este rubro, simplemente porque usted está leyendo ahora mismo un libro de tipo "Cómo hacer...", así que yo estoy a favor de esta clase de actividad.

Este libro y mis dos anteriores (*Aprenda inglés con la ayuda de Dios* y *Perfeccione su inglés con la ayuda de Dios*) son libros de cómo hacer algo y fueron escritos desde mi casa.

Cierto es que fueron publicados por una importante editorial, Casa Creación, después que yo les sometí la idea. Ellos encontraron que esos libros cubrían una necesidad en el mundo cristiano, y realmente eran útiles para aprender y mejorar el idioma inglés. La editorial entendió que mis libros tenían su mercado y asumieron el costo de publicarlos, promoverlos y distribuirlos. Yo gano un porcentaje de las ventas, recibiendo lo que se conoce en esta industria como "regalías".

Conseguir que una editorial publique el libro de un autor no es fácil. Las casas editoras se ven inundadas de manuscritos de personas con una historia, o algo qué decir. La editorial tiene que analizar el mercado, la necesidad que el libro cubre, su posible aceptación por las librerías y por el público, y tomar la decisión de si va a invertir en publicarlo. Cuando menciono "librerías" me refiero a lo que se conoce en inglés como "bookstores", es decir, a las tiendas que venden libros, no a las bibliotecas que se conocen en inglés como "libraries".

Hay autores que han enviado sus manuscritos a docenas de editoriales antes de que alguna aceptara publicarlo. El caso más famoso es el del libro *Sopa de pollo para el alma*, de Jack Canfield y Mark Victor Hansen. Los autores sometieron el manuscrito a una editorial y fue rechazado porque la editorial pensó que el contenido era demasiado tonto.

Sopa de pollo para el alma es una recopilación de cien historias cortas de personas que enfrentaron diferentes crisis y narran cómo las superaron gracias a su fortaleza interior y fe en Dios. Canfield lo sometió a otra editorial y la respuesta fue la misma. Le sucedió igual en más de ciento treinta intentos. Finalmente, una pequeña editorial lo aceptó y lo publicó. Para sorpresa de todos, se vendieron más de dos millones de copias. A partir de esto, iniciaron la serie de libros *Sopa de pollo para el alma* que ya ha generado 1,300 millones de dólares en ventas. Si usted tiene una historia qué contar, piense en escribir un libro y no se desaliente si el manuscrito es rechazado por varias editoriales. El secreto de este juego es perseverar. Recuerde: Dios está de su lado. Un libro sobre "Cómo hacer…" es fácil de escribir, aún para las personas que no tienen talento en materia de redacción. En un libro de este tipo, usted da instrucciones al lector sobre cómo hacer algo práctico. Por ejemplo, *Cómo cocinar con un presupuesto bajo... Cómo producir un video... Cómo construir una casa en un árbol... Cómo alterar el motor de su auto para que consuma menos gasolina...* Las posibilidades son infinitas. Usted sólo necesita el conocimiento de cómo hacer ese algo. Si usted domina un tema, escribir sobre el mismo no le será difícil. Sólo ponga en el papel lo que usted tiene que decir, tal como usted se lo diría a otra persona. Busque los servicios de un editor que le ayude a dar forma a su escrito y se lo corrija al estilo profesional. Eso le aumentará sus posibilidades ante las casas editoriales.

Una vez usted tenga el manuscrito (se le dice manuscrito aunque haya sido escrito en una computadora), tiene dos opciones: atreverse a enviarlo a las editoriales (envíe solo una fotocopia, muchas editoriales no devuelven el original recibido), o publicarlo usted mismo.

Autopublicación de libros

Hay una gran industria de "autopublicación" ("self publishing"). Existen numerosas compañías a las que usted le envía su manuscrito y ellas imprimen una pequeña cantidad de copias que usted paga. Si necesita más copias, la compañía vuelve a imprimirle la cantidad que usted ordene. Cuando esta tendencia comenzó, décadas atrás, había cierto estigma en autopublicar un libro. Muchos intelectuales veían tales ejemplares como "hijos ilegítimos", como prueba de que el libro no tenía valor alguno, porque una editorial reconocida no lo había publicado.

Muchos autores potenciales que conocían algo de mercadeo, entre ellos yo, encontraban que había oportunidades para ciertos libros especializados que nunca serían aceptados por una editorial. Sin embargo, tenían un mercado específico, aunque limitado, en algunas áreas. No me avergüenzo de haber autopublicado un libro sobre tiburones. Yo era instructor de buceo con escafandra autónoma o buceo con tanques (SCUBA), y sabía que no había libros en español sobre tiburones, a pesar de que era un tema apasionante para los alumnos del buceo. Por otro lado, se acababa de exhibir la película *Jaws* (Tiburón) y los tiburones eran el centro de atención de todos. Escribí el libro, pagué a una imprenta, y publiqué *Tiburón, ciencia y leyendas*. El libro nunca fue un récord en ventas, pero recuperé mi inversión y gané algo de dinero. Años más tarde entré a la industria de redes de mercadeo. De nuevo, me di cuenta de que sólo existían tres o cuatro libros en español sobre este tema, el cual yo dominaba totalmente. Había sido director de mercadeo de una exitosa red, y luego me había hecho distribuidor en la misma, por lo que conocía ese negocio por dentro y por fuera. Para entonces ya existían compañías de autopublicación que facilitaban mucho producir un libro propio. Yo mismo pagué por la publicación del libro *Cómo ganar más dinero con un multinivel*, el cual tuvo, y todavía tiene, gran demanda en ese negocio, al extremo que se ha reimpreso varias veces.

La autopublicación ya es algo normal. La mayoría de las casas editoriales importantes tienen subsidiarias de autopublicación o copublicación, porque siempre van a existir nichos para libros especializados que no requieren tiradas masivas de miles y miles de copias.

Usted puede conectarse con una editorial autopublicadora a través de la Internet. Usualmente, tienen una página "web" donde usted escoge las opciones de publicación. Usted envía su material por correo electrónico y, días más tarde, recibe los libros en su casa.

Por supuesto, a usted le corresponde la tarea de promocionar y distribuir el libro. Desafortunadamente, las librerías grandes no reciben libros si no vienen de las grandes editoriales. Sin embargo, desde hace mucho tiempo, existe un sistema en el que usted puede promocionar su libro, aún antes de escribirlo. Se llama venta directa y también es un negocio casero.

Venta directa de libros o manuales

Hace muchos años, antes de las autopublicadoras, contesté un aviso de prensa que decía: "Gane dinero escribiendo libros". Debido a que el tema siempre me había interesado, contesté el aviso, enviando el dinero requerido.

El sistema era un poco rudimentario, pero funcionaba. Nunca lo usé porque mis otras obligaciones me dejaban poco tiempo, pero creo que todavía puede funcionar sin grandes inversiones. El mismo se basa en los siguientes preceptos:

1. Usted tiene que saber de algo interesante y de beneficio para el lector. Escriba sobre eso, aunque sea con una redacción simple, sin grandes pretensiones literarias.

2. Usted ofrece su libro al público mediante pequeños avisos tipo clasificado, en publicaciones como revistas especializadas o periódicos pequeños. Debe llevar un récord de las respuestas que recibe de cada publicación, para no volver a usar las que no le traen las ventas suficientes que justifiquen lo que usted paga por el aviso. Lo importante es que usted va a ofrecer el libro antes de imprimirlo.

3. El hecho de que usted ofrezca un libro no quiere decir que tiene que ser a colores, bellamente encuadernado e ilustrado, en papel muy brillante y grueso. Un libro escrito en una computadora, hoja por hoja, y después llevado a una compañía de multicopias donde lo fotocopien, compaginen y grapen, es tan libro como cualquier otro, y sólo cuesta centavos. Lo que vale es lo que dice adentro.

4. Si usted recibe veinte peticiones para el libro con un cheque o giro postal acom-

pañando cada petición, usted prepara veinte de dichos libros fotocopiados y los envía por correo. Si recibe cien peticiones, prepara cien libros. Si no recibe ninguna petición, sólo perdió el costo del aviso, pero no el de la publicación. Sólo asegúrese de que su anuncio diga: "Permita de dos a tres semanas para recibirlo". De ese modo, usted tiene tiempo para producirlo. Asegúrese también de añadir el costo del franqueo, el cual dependerá del peso del libro. En esta opción, determinar el peso es fácil. Sólo tiene que pesar el mismo número de hojas de papel que se tomará fotocopiar el libro.

5. Escoja las publicaciones dónde anunciarse. Ese es el secreto de este tipo de venta directa. Digamos que su libro es de cocina y se llama *Cien recetas que usted puede preparar por menos de $1.00*. Usted debe buscar publicaciones que traten sobre temas de cocina, porque ahí encontrará lectores que se interesen en su libro. Si la publicación es nacional, el costo de su aviso será mayor (a usted le cobrarán según el número de lectores de la publicación), pero eso no será un gasto, sino una inversión. Si su libro trata sobre autos, digamos que está titulado *Cómo hacer que cada galón de gasolina le*

rinda más, busque publicaciones que traten sobre autos y motores, y así, sucesivamente. No se limite a las ideas que yo presento. Existen docenas de posibles libros de este tipo.

Sólo recuerde que en tiempo de crisis económica, los temas que más interesan son los relacionados al ahorro. Aquí le doy más ideas, más que nada para despertar su creatividad.

- Cómo arreglar su crédito

- Cómo arreglar su casa para que valga más

- Cómo jubilarse temprano

- Cómo tener un jardín de hierbas y especias para cocinar

- Decore su casa en 30 minutos

- Cómo ahorrar electricidad en su hogar

- Secretos para que su auto dure más

- Cómo pintar su casa y ahorrar dinero

La Internet también ofrece muchos medios de anunciarse, si usted conoce bien cómo usar el medio. Aún si no tiene una computadora, hay cientos de periódicos regionales que tienen secciones de clasificados a un costo muy bajo.

Lo importante de todo esto es que usted cumpla, al

pie de la letra, lo que ofrece en su aviso. Recuerde que usted está usando los servicios del correo postal, y en Estados Unidos la ley vigila mucho que el correo no se use para nada fraudulento.

Todavía veo ocasionalmente anuncios que dicen cosas parecidas a: "*100 recetas para postres con maíz. Envíe $3.00 por el libro y $2.00 para franqueo*". El sistema todavía funciona. Y ¿cuánta redacción hay que saber para compilar cien recetas?

Nota: Recuerde que usted necesita tener ciertos permisos, de su ciudad, condado y estado, y que algunos trabajos o negocios requieren licencia o certificación. También es recomendable investigar si dicho trabajo o negocio requiere algún tipo de seguro de responsabilidad pública o una fianza ("bond").

Servicio de "Concierge"

¿Le parece rara esta oportunidad o tipo de negocio? No lo crea. ¿Qué es un "concierge"?

En muchos países hispanos, un conserje es un empleado encargado de administrar o atender las operaciones y el mantenimiento de un edificio, usualmente de apartamentos de alquiler. En los Estados Unidos, a este empleado se le conoce como *superintendente* o *súper*. En otros países latinos, el conserje es el encargado de mantenimiento o limpieza de una entidad, comercio u oficina.

Sin embargo, "concierge", palabra de origen francés, se refiere al empleado más útil para los huéspedes de un hotel. Es el encargado de resolver problemas, buscar servicios especiales, hace reservaciones en aviones, restaurantes y teatros, consigue ayudantes especializados, encuentra direcciones, hasta alquila autos y equipos.

Alguien se dio cuenta de que con el agitado sistema de vida, a muchas personas no necesariamente hospedadas en un hotel, se les hacía difícil realizar ciertas gestiones, inclusive dentro de su propio hogar o vecindario. Ese alguien pensó que podría contratar los servicios de una persona que se encargara de realizar algunas gestiones en particular y resolverle una serie de situaciones. Así nació el primer servicio de "concierge" a domicilio.

Hoy día, quizás unos 20 años después, las compañías dedicadas a dar este servicio son incontables, y todas muestran un buen crecimiento del negocio año por año. Mejor aún, es un negocio ideal para llevar desde la casa. Por ser una industria prácticamente nueva, tiene capacidad para nuevos negocios de ese tipo.

¿Quiénes pueden necesitar ayuda de un "concierge"?

La respuesta es casi todo el mundo: un millonario, dueño de varias compañías; una madre soltera con dos hijos pequeños y un empleo (o hasta dos, tratando de cumplir con todas sus obligaciones); o un gerente de mediano nivel cuyo día de trabajo requiere horas extras. Inclusive hay compañías, especialmente bancos, aseguradoras o plantas de manufactura, que ofrecen dentro de su paquete de beneficios, a un empleado valioso, el uso de un "concierge" varias veces al mes.

Muchos estudiosos están inclinados a predecir que este es un tipo de negocio que va a continuar creciendo aceleradamente en un futuro cercano.

¿Cuál sería su mercado si usted decide operar un servicio personal de "concierge"?

Primero que todo, decida si desea que su negocio esté orientado exclusivamente a clientes corporativos, clientes individuales, a proveer varios tipos de servicios o proveer sólo un servicio dentro de un área en particular. Esto va a determinar si usted necesita algún equipo especial. Por ejemplo, un servicio de "concierge" que se dedique exclusivamente a pasear perros de sus clientes, posiblemente necesite un vehículo especial o adaptar un vehículo corriente. No se asuste si usted es alérgico a los animales. Puse este ejemplo sólo como una muestra. Hay docenas de servicios que se pueden ofrecer que no tienen que ver con perros ni gatos.

Algunos servicios de "concierge" que se pueden ofrecer son:

- ✦ Hacer fila (cola) en ciertas agencias como la de licencias de conducir.

- ✦ Vigilar y cuidar animales domésticos por cierto tiempo (igual que se hace con niños en "baby-sitting").

+ Llevar el auto a cambios de aceites, gomas, encerados, lavados, etc.

+ Recoger la correspondencia en el buzón o apartado postal si el cliente está de viaje.

+ Si el cliente sale de viaje, revisar la casa del cliente según la frecuencia que el cliente solicite.

+ Atender las plantas del cliente (esté o no de viaje).

+ Recoger (o dejar) la ropa de la lavandería.

+ Hacer citas con limpiadores de alfombras o proveedores de otros servicios.

+ Encargarse de hacer arreglos de viaje, reservaciones y otros.

+ Conseguir y monitorear servicios de jardinería.

+ Hacer compras para el cliente (de supermercado, regalos y otras).

+ Conseguir o proveer servicio de limpieza al interior del hogar.

+ Ir a comprar boletos de entrada a conciertos o espectáculos.

+ Hacer reservaciones en restaurantes.

+ Localizar artículos u objetos difíciles de encontrar.

¿Le parece increíble que alguien pague por eso? Créame, así es. Hay personas dispuestas a pagar si saben que el servicio existe.

La inversión inicial para establecer este negocio en su casa (si lo permiten los reglamentos de la zona en que usted vive) es muy bajo. Sólo necesita:

+ Una computadora para coordinar su tiempo y facturar los servicios

+ Un auto (que posiblemente ya usted tenga, al igual que la computadora) para hacer las gestiones

+ Un teléfono con contestadora de llamadas

+ Un teléfono celular

+ Una máquina de fax

+ La papelería de rutina de cualquier negocio

+ Una reserva de dinero para hacer publicidad (ver capítulo de cómo hacer publicidad a su negocio).

¿Cuánto puede ganar en este negocio?

Esto depende de muchos factores: el servicio que piensa ofrecer, el tipo de cliente a quien lo va a ofrecer, la zona donde usted reside y lo que cobran en su zona por servicios similares.

La mayoría de los servicios de "concierge" cobran una tarifa anual (digamos $500 ó $1,000) a cada cliente. Ese pago les da derecho a un número de peticiones de servicio durante un año. Si el cliente usa toda su cuota antes del mes octavo o noveno, se hace un cobro extra por las peticiones adicionales. Otras compañías de "concierge" cobran a base de mensualidades y algunas cobran por hora. En general, la norma es que el negocio reciba no menos de $20 por hora de servicios prestados. Ese cargo puede llegar hasta $100 la hora, dependiendo del tipo de servicio.

Tenga en mente que puede recibir comisiones de las compañías que usted utiliza para rendir los servicios a sus clientes, porque usted le promueve el negocio a esas compañías. Supongamos que en su negocio usted recibe muchas peticiones de conseguir un carro alquilado. Puede visitar una de las compañías que alquilan autos, explicar que en su negocio le piden con frecuencia un carro alquilado y decir que usted les llevaría ese negocio a cambio de una comisión. Igual puede hacer con otras compañías relacionadas con los servicios suyos.

Si desea investigar más sobre el negocio de "concierge", comuníquese con la "National Concierge Association" en www.nationalconciergeassociation.com

Nota: Recuerde que usted necesita tener ciertos permisos, si aplicasen, de su ciudad, condado y estado, y que algunos trabajos o negocios requieren licencia o certificación. También es recomendable investigar si dicho trabajo o negocio requiere algún tipo de seguro de responsabilidad pública o una fianza ("bond").

┼═

Limpieza de alfombras

El uso de alfombras en los hogares es bastante común. Las alfombras se ensucian rápidamente y pocas personas tienen en su casa el equipo para limpiarlas o el tiempo para hacerlo.

Analicemos por un instante si el negocio tiene posibilidades:

* Es un servicio que muchos necesitan.

* Es un servicio repetitivo (las alfombras se vuelven a ensuciar).

* No se requiere una educación especial para realizarlo.

* La inversión inicial es baja.

* Los gastos de oficina son mínimos.

* Usted escoge las horas cuando va a trabajar.

Las alfombras retienen polvo, microbios y agentes contaminantes perjudiciales para la salud. Todas esas partículas de suciedad, a menudo, no se ven a simple vista. Sin embargo, se pisan continuamente, y van raspando, erosionando y desgastando las fibras de la alfombra. Esta, además de convertirse en foco de infecciones, se deteriora rápidamente y hay que cambiarla antes de lo pensado. ¿Solución? ¡Limpieza profesional!

Nadie tiene tiempo para hacer su propio lavado de alfombras. Aunque pueden alquilar la máquina, probablemente no saben cómo usarla efectivamente. Ese es su negocio y es repetitivo. Si usted hace un buen trabajo la primera vez, habrá ganado un cliente para muchas veces.

¿Cada cuánto tiempo es conveniente limpiar las alfombras de una casa?

La frecuencia de limpieza depende de varios factores. El principal es cuántas personas viven en la casa y la edad de esas personas. En general, si en el hogar hay niños pequeños o mascotas, las alfombras se deben limpiar cada 3 ó 4 meses para evitar su desgaste y cuidar la salud de los habitantes de la casa.

Si sólo viven dos adultos, la limpieza puede ser cada 6 meses. Si uno o los dos adultos fuman, las alfombras deben limpiarse cada 6 meses, tanto por sacarle el olor a cigarrillo como las partículas de ceniza que se depositan en ella. Si viven en la casa personas asmáticas o con cualquier otro problema respiratorio, las alfombras deben lavarse profesionalmente cada 4 meses.

Según algunos expertos, para limpiar una alfombra (después de ser vigorosamente aspirada con un potente aspirador) no se recomienda el uso de champús de alfombra ni otros líquidos. Al champú le toma tiempo salir cuando se enjuaga, y casi siempre deja un residuo húmedo, jabonoso y pegajoso. El resultado es que va a atrapar más partículas de suciedad que si estuviera seco. Dichos conocedores recomiendan el uso de limpiadores secos que se encuentran en casi todas las tiendas que venden aspiradoras. Otros expertos lavan las alfombras inyectando vapor a altas temperaturas para esterilizarlas.

Usted puede comenzar este negocio alquilando el equipo necesario por mes, o para cada trabajo. De acuerdo al volumen de trabajo, puede comprar el equipo y ahorrarse el alquiler. También puede ingresar a alguna de las muchas franquicias existentes para este tipo de negocio. Ellas le van a cobrar una cantidad inicial grande (entre $5,000 y $25,000), pero le proveen el equipo, entrenamiento adecuado en el negocio, y se encargan de la publicidad del mismo. Usted debe pagar a la empresa matriz un porcentaje de los ingresos de cada trabajo.

El promedio de cobro por este trabajo es de $20 a $50 dólares por habitación, dependiendo del tamaño. Antes de establecer sus precios, averigüe lo que cobran otros negocios que ofrecen este servicio en su área.

Si quiere iniciar este negocio con la menor inversión posible, mi recomendación es que usted comience solo.

Más adelante, podrá decidir si le conviene ingresar a una franquicia o no. Limpiar alfombras no requiere mucha ciencia, y en los lugares donde alquilan o venden los equipos pueden proveerle instrucciones específicas de cómo usarlos.

Aprenda cómo sacar manchas y champú viejo de una alfombra, lo cual es parte integral de la limpieza de alfombras, por la frecuencia con que estas situaciones ocurren. En la Internet consigue gratuitamente toda esa información. Las empresas suplidoras de equipos y materiales también pueden orientarle, en el interés de que usted sea su cliente.

Le recomiendo, además, que incluya, en su contrato de trabajo, una cláusula que diga que "dadas las diferentes naturalezas y causas de una mancha, no nos hacemos responsables de cualquier daño a la alfombra causado por la labor de limpieza de la alfombra".

Nota: Recuerde que usted necesita tener ciertos permisos, si aplicasen, de su ciudad, condado y estado, y que algunos trabajos o negocios requieren licencia o certificación. También es recomendable investigar si dicho trabajo o negocio requiere algún tipo de seguro de responsabilidad pública o una fianza ("bond").

+≍

Limpieza de conductos de aire acondicionado

Este negocio es muy parecido al de limpieza de alfombras. De hecho, hay empresarios que ofrecen ambos servicios. Es raro el hogar en los Estados Unidos que no tiene aire acondicionado, y de ellos un gran porcentaje tiene equipos centrales en lugar del antiguo aparato que se colocaba en una ventana o una pared. El acondicionador central es más económico de operar y su costo inicial se ha reducido mucho en los últimos años. Casi todos los apartamentos que se han vendido en los pasados 20 años ya vienen con un aire central instalado.

Un acondicionador central tiene su condensador, abanico y compresor instalados fuera de la casa o apartamento. Utiliza conductos o tuberías escondidas en el techo o paredes para llevar el aire frío al interior de las habitaciones. Por esta causa, lo único que se ve del equipo es una ventanita de salida del aire en la pared o techo de cada habitación.

El problema surge cuando en el interior de esos conductos se va depositando polvo que no es atrapado por los filtros de la unidad. En el caso de hogares recién fabricados, la propia construcción del apartamento o casa ocasiona que se depositen polvo, arena y residuos granulados en los conductos, aún antes de que se hayan instalado las unidades de refrigeración del equipo.

Este polvo en el interior de dichas tuberías (usualmente de 4 a 6 pulgadas de diámetro) va convirtiéndose en terreno fértil para el cultivo de hongos, polen y esporas que son dañinas a los pulmones y causantes de muchas alergias.

Un caso que despertó mucho la atención en el país sucedió en el año 1976, cuando la Legión Americana (una logia) celebró una convención en un hotel de Filadelfia para celebrar el bicentenario de los Estados Unidos. Apenas a dos días de comenzar las actividades, los miembros de la delegación empezaron a enfermarse y a desarrollar pulmonía. Más de doscientas personas enfermaron. Lamentablemente, treinta y cuatro de ellas murieron por dicha causa. Posteriormente, el Centro para el Control de Enfermedades de Atlanta descubrió que el causante del problema fue una bacteria dentro de los conductos del aire acondicionado del hotel.

Los dueños de hogares conocen la necesidad de tener limpios dichos conductos. Necesitan los servicios de un especialista que los limpie, preferiblemente una vez al año. Igual que con la limpieza de alfombras, ese especialista puede ser usted. Una vez más, usted tiene la opción de empezar el negocio solo o tratar de adquirir una franquicia.

¿Qué equipo es necesario para realizar este trabajo?

Los conductos se limpian con una potente aspiradora, una variedad de cepillos y, a veces, un líquido antihongos. El uso de los cepillos depende del material con que esté hecho el conducto. Usted puede comprar o alquilar los equipos. Las compañías que los venden suelen adiestrar en el uso.

Si usted quiere lucir conocedor de su trabajo, necesitará una cámara de video con lente flexible que le ayude a enseñar al propietario la contaminación dentro de sus conductos, y le facilite la venta de sus servicios. Inicialmente, sólo una linterna y un espejo pueden ser suficientes.

Los técnicos que proveen este servicio usualmente cobran una cantidad fija de dinero por un número preestablecido de conductos (digamos 4 ó 5). Cuando la casa tiene más de ese número de conductos, cada uno de ellos se cobra aparte. Cualquier periódico de su ciudad tendrá anuncios clasificados que muestran el costo promedio de este servicio en su área.

Este es un negocio sencillo, de bajo costo, que usted puede realizar inclusive en sus horas libres. Cuando lo llamen, usted le asigna un día y hora al cliente, a conveniencia suya.

Si desea saber más sobre este negocio, puede contactar a la "National Air Duct Cleaners Association".

Nota: Recuerde que usted necesita tener ciertos permisos, si aplicasen, de su ciudad, condado y estado, y que algunos trabajos o negocios requieren licencia o certificación. También es recomendable investigar si dicho trabajo o negocio requiere algún tipo de seguro de responsabilidad pública o una fianza ("bond").

━✈━

Alarmas contra robos

Usted tiene que estar cansado de ver noticias en la televisión, o leerlas en el periódico, de diferentes actos criminales en que uno, o más ladrones, penetraron en una residencia para robar, a veces con los residentes adentro. Es difícil encontrar una persona que no conozca a una víctima de atraco, a veces con consecuencias dolorosas.

Ya lo dice la Palabra en Joel 2:9: *"Se abalanzan contra la ciudad, arremeten contra los muros, trepan por las casas, se meten por las ventanas como ladrones".*

Esta terrible lacra social trae por consecuencia que los ciudadanos decentes tengan que tomar medidas para proteger a sus familias y a ellos mismos de posibles intentos de robo. Muchos dueños de hogares compran alarmas de fácil instalación personal, usualmente para una sola habitación. Si necesitan o desean tener una protección más completa y profesional, llaman a un especialista.

Ese especialista puede ser usted. Este es un producto fácil de vender, pero requiere licencia o certificación especial del gobierno (casi siempre del Departamento de Policía local) porque usted tiene que entrar a la casa de otra persona y pasar allí unas horas mientras instala el sistema. Posiblemente también se le exija una fianza. En muchas ciudades, se requiere que el dueño de la casa tramite un permiso especial para tener una alarma instalada.

Si usted tiene un buen historial de conducta y está dispuesto a realizar todas las gestiones necesarias para obtener dichas certificaciones y cumplir con los requisitos legales, ingresará a un negocio muy lucrativo, con mucha demanda.

Hay dos tipos de sistemas de alarmas caseras: la no monitoreada y la monitoreada. En la primera, usted instala el equipo y, si ocurre algún intento de robo, la alarma emite un sonido estridente que aleja al criminal. Esta es la más económica y en la que usted debería especializarse inicialmente.

En el segundo tipo de sistema, el monitoreado, si se activa la alarma, le avisará a usted por control remoto. Usted envía guardias de seguridad a la casa del cliente (para lo cual debe tener el personal adecuado) y avisa a la Policía.

Para ofrecer tales sistemas y cobrar una cantidad mensual por el monitoreo, tiene que haber desarrollado su negocio, contratado guardias de seguridad, tener al menos un vehículo para estos eventos y tener una persona que atienda, a todas horas, las llamadas sobre activación de las alarmas. Estamos hablando de un negocio que ya prácticamente no cabe en su casa. Su otra alternativa es subcontratar una compañía que provea el servicio de monitoreo, a cambio de una comisión para usted.

Usted puede comprar el equipo necesario después

de que haya visitado el hogar del cliente, le haya vendido la idea de que instale un sistema de alarmas, y sepa cuál equipo es necesario. Lo recomendable es que visite las compañías que venden los equipos, y hable con los expertos. Ellos le ayudarán a encaminar sus pasos en las gestiones legales, le recomendarán los equipos más indicados para cada trabajo, y posiblemente le enseñen cómo instalarlos. Usted debe tener también la literatura necesaria de cada modelo, para poder enseñarla al cliente.

Otra opción es comprar una franquicia de alguna compañía o cadena de negocios de seguridad, pero usualmente son franquicias costosas.

Nota: Recuerde que usted necesita tener ciertos permisos, si aplicasen, de su ciudad, condado y estado, y que algunos trabajos o negocios requieren licencia o certificación. También es recomendable investigar si dicho trabajo o negocio requiere algún tipo de seguro de responsabilidad pública o una fianza ("bond").

Máquinas de vender

¿Cuántas veces ha ido caminando por un lugar, siente una gran sed, y ve una máquina que vende refrescos de soda y agua, inserta un dólar o algo más y saca uno para calmar su sed? En ese momento, usted le dio a ganar al dueño de esa máquina entre $0.80 y $0.50

como promedio, mientras él, o ella, veía televisión en
su casa o estaba en la playa.

Ese es el negocio típico de las máquinas de vender:
un negocio fácil, muy productivo, que puede empezar
muy pequeño e ir creciendo. Es un negocio 100% en
efectivo, que está operando para usted las 24 horas del
día, 7 días a la semana. No hay cuentas a cobrar ni
clientes que le queden debiendo dinero.

En los Estados Unidos, este es un negocio multimillonario. Como todo negocio, hay varios factores
decisivos a considerar, antes de empezar a comprar, colocar y abastecer máquinas de venta.

¿Qué producto voy a vender y dónde? ¿Qué máquina voy a comprar para eso? ¿Dónde voy a comprar el
producto? ¿Voy a dar una comisión al dueño del espacio donde colocaré mi máquina?

Permítame darle un ejemplo, aunque algo extre-
mista. Usted compra una máquina de vender goma de
mascar y la coloca a la salida de un médico especialista
en envejecientes. Otra persona compra una máquina
similar y la coloca dentro o a la salida de una escuela.
Probablemente, antes de que usted venda un solo paquete de goma de mascar, ya la otra persona tuvo que
rellenar su máquina. ¿Qué le pasó a su máquina? La
localizó incorrectamente y la rellenó del producto in-
correcto. Personas mayores de edad, con problemas de
dentadura, no van a consumir goma de mascar.

En el negocio de bienes raíces hay un viejo dicho:
"El éxito está determinado por la localización, la

localización, y la localización". Este negocio es igual. La cantidad que venda su máquina estará determinada por la localización de la máquina, y cuán bien seleccionado está el producto que ofrece, en relación con el público al que tiene acceso. Usted deberá buscar siempre lugares de mucho tráfico de personas, o donde haya una gran concentración de personas trabajando. De todos modos, siempre el producto debe tener afinidad con los compradores potenciales.

El siguiente punto a considerar es cuál máquina va a comprar. Hay máquinas que cuestan apenas $200 ó $300 dólares, como las de goma de mascar, dulces sueltos o maníes. Las hay hasta de $3,000 o más, como máquinas sofisticadas de despacho de líquidos. Como promedio, usted debe pensar en unos $1,200 a $1,800 para una máquina de refrescos de soda. Quizás es algo menos, si la compra usada.

El tamaño y peso de la máquina también es importante porque determina qué tipo de vehículo usted usará para su transporte. Puede necesitar, desde una camioneta propia, hasta una tipo "U-Haul" que puede alquilar por $19 dólares diarios. Si la máquina es grande, necesitará ayuda de alguien y una carretilla de mano.

Los dos productos de mayor venta son los refrescos de soda y los llamados "snacks", como papitas fritas, galletitas saladas y dulces, barras de chocolate, entre otros. Sin embargo, hay máquinas de venta para todo tipo de artículos, como café, "sandwiches", juguetes y películas de video.

Cuando usted coloca una máquina, se sobrentiende que el dueño del lugar va a recibir una comisión (usualmente entre un 15% y un 30%) de las ventas. No siempre es así. Usted puede convencerlo de que su máquina le ofrece un servicio a la clientela o personal de él o ella, y que todos los gastos los cubre usted. Esto dependerá de su poder de persuasión.

Usted puede hablar con una entidad benéfica y ofrecerle una cantidad mensual, digamos $1.00 o $5.00 al mes por máquina, si ellos le proveen una calcomanía de la entidad, de modo que aparezcan como beneficiarios parciales de su máquina. Esto, a veces, convence al dueño de la localidad de permitirle colocar su máquina sin tener que darle una comisión a cambio. Aquí, como buen cristiano, usted debe dejar que su conciencia obre. Yo no propulso usar a la entidad benéfica como una excusa para no pagar comisiones. De hecho, promuevo que usted pague a esa beneficencia el máximo que su negocio permita. Es preferible entregar parte de sus ganancias a una causa benéfica que al dueño del local, pero a veces hay que poner ambas cosas en una balanza para que se consiga el mayor bien para todos.

Una vez tenga un acuerdo de colocación con el dueño del espacio, insista en que se haga un pequeño contrato, aunque el dueño le diga que no es necesario. Eso lo protegerá si el local cambia de dueño o si aparece una compañía gigante de máquinas de vender que se ha dado cuenta de que ese punto es lucrativo. No se sorprenda si le ofrecen dinero al dueño por sacar su máquina y colocar una de ellos. No se engañe, eso sucede con frecuencia.

En cuanto a la compra de las máquinas, tenga cuidado. Hay compañías fabricantes que tienen prácticas de venta muy inescrupulosas y le ofrecen una serie de ventajas inexistentes para luego venderle la máquina a sobreprecio. Como en cualquier negocio, compare antes de comprar.

En esta empresa, comience pequeño: una máquina primero. Observe el ritmo del negocio. ¿Qué licencias necesita? Estudie la frecuencia de darle servicio a la máquina. Vaya buscando suplidores. ¿Qué mecánico puede usar si la máquina tiene un problema? Estudie cuáles artículos se venden más. ¿Cuál es el mejor día para sacar de la máquina el dinero de las transacciones? Cuando se sienta cómodo con el negocio, compre otra máquina, y luego otra y otra, según el negocio provea los fondos.

Nota: Recuerde que usted necesita tener ciertos permisos, si aplicasen, de su ciudad, condado y estado, y que algunos trabajos o negocios requieren licencia o certificación. También es recomendable investigar si dicho trabajo o negocio requiere algún tipo de seguro de responsabilidad pública o una fianza ("bond").

+≈≈

Mercadeo en red

Un negocio de mercadeo en red es una de las formas de lo que se conoce como ventas directas o mercadeo directo. En él, usted ingresa a una compañía como distribuidor independiente, compra productos a dicha empresa, y los vende al público, devengando una ganancia. Además, la compañía promueve que usted reclute otras personas que también se hagan distribuidoras de la empresa, dentro de su grupo. Ellas también compran productos a la compañía, los revenden y ganan dinero para ellos, cada una con un negocio propio, igual al de usted. La compañía, por su parte, le garantiza a usted una comisión de las compras totales de las personas que usted reclutó.

El negocio se hace cada vez más productivo cuando esas personas, a su vez, reclutan otras personas. Ellas reciben comisiones de lo que esas terceras personas compren. De esos otros niveles, la compañía también le paga a usted otra comisión y así, sucesivamente, usualmente hasta 7, 8 ó 10 generaciones de distribuidores más abajo. Esto constituye la "red" que aparece en el nombre. Los porcentajes de comisión varían según la compañía. Por lo regular, no son muy altos, pero lo que hace atractivo el negocio es que usted recibe muchos poquitos de muchas personas, y eso hace un gran total. Es como dijo el legendario millonario petrolero, Jean

Paul Getty, el hombre más rico de Estados Unidos en la década de los cincuenta: *"Yo prefiero ganar un uno por ciento de los esfuerzos de cien personas, que el cien por ciento de mis propios esfuerzos"*.

¿De dónde saldrán las personas a ingresar en su red?

Esa es la pregunta que todos se hacen. Créame, hay más personas de las que usted piensa. Usted mismo conoce a cuatrocientas o quinientas personas, pero no las recuerda. Todas son prospectos para su red. La persona que lo ingrese a usted a una red le enseñará cómo escribir rápidamente lo que llamamos la "lista de prospectos". Al menos, es lo primero que yo enseño a mis afiliados porque es la clave del éxito en este negocio.

Este es un negocio completamente legal, reconocido por la Corte Suprema del país, el Internal Revenue Service (IRS), y la Federal Trade Commission (FTC). De hecho, en un discurso dirigido a la Asociación de Ventas Directas de Estados Unidos, el entonces presidente de Estados Unidos, Bill Clinton, dijo a los asistentes:

> *"He seguido el crecimiento de su industria por años... su industria da a las personas una oportunidad para realizar el máximo de sus propias vidas, y para mí, ese es el corazón del Sueño Americano"*.

Años atrás, este tipo de negocio era conocido como "multinivel", dado que cada una de las muchas generaciones de distribuidores debajo de usted constituye un nivel de ganancias. Sin embargo, existen compañías de ventas directas como las internacionales Avon y Mary Kay, entre otras, que comienzan igual, pero sólo pagan comisiones de la primera o segunda generación o nivel (al menos hasta hace poco). De ahí surgió la definición "multi", para los demás sistemas que pagaban por muchas generaciones. Hoy día, empresas multinacionales de enorme seriedad, como The Gillette Company, US Sprint, MCI, Coca-Cola, tienen, o han tenido en algún momento, subsidiarias dedicadas al mercadeo en red.

Como ya mencioné en un capítulo anterior, muchas personas llaman a una red de mercadeo, una "pirámide", lo cual es un enorme error. Una "pirámide" es un tipo de estafa cuyo verdadero nombre es Esquema Ponzi ("Ponzi Scheme"), en el cual alguien recluta personas que le den dinero a cambio del derecho a reclutar otras personas para el "negocio", y a recibir jugosas ganancias únicamente por reclutar a más y más personas. Con el dinero de las personas que van entrando, el creador del esquema va pagando "ganancias" a los primeros que entraron. Y así, hasta que el esquema "explota" porque no entra más nadie, o es descubierto por las autoridades, como sucedió recientemente con el multimillonario Bernard Madoff. Nadie cobra, además de perder todo lo que pagaron.

Un esquema Ponzi ciertamente es ilegal, y se reconoce porque no hay un producto que cambie de mano en mano. Nadie compra ni vende nada, aunque a veces disfrazan este hecho con algún truco: por ejemplo, requerir ensartar collares o pegar cintas magnéticas a tarjetas, en fin, artículos que, en último caso, nadie vende ni compra.

Las redes de mercadeo sí son negocios legales y yo no conozco un negocio propio como ese, que se pueda comenzar con tan poco dinero y llegue a ser tan productivo, si se trabaja como es debido. De hecho, este es el tipo de negocio sobre el cual yo estuve escéptico por un tiempo. Sin embargo, le di la oportunidad cuando me retiré de aquella agencia de publicidad y relaciones públicas en Puerto Rico que ya mencioné.

Comencé en la red con una inversión de $60. Me mudé a República Dominicana con mi segunda esposa, quien me había convencido de que entrara en esa industria. Al año ya ganaba en mi red, lo mismo que ganaba con mi agencia, la cual me había costado miles de dólares comenzar. Cuando cerró la compañía que suplía los productos debido a mala administración en su fábrica, ya yo tenía un buen capital en el banco, que levanté en menos de 4 años.

De más está decir que actualmente estoy en otra red, con resultados similares, que me permiten tener una buena calidad de vida, y me deja tiempo para hacer cosas que me agradan, como escribir este libro y dar conferencias de motivación. No menciono cuál es la red porque, como ya dije, la idea de este libro no es que usted siga mis pasos, sino que tenga un menú de opciones de dónde escoger un buen negocio para usted. Además, no sería ético que yo utilizara este libro para reclutarlo a usted.

Ingresar a una red de mercadeo cuesta entre $30 a $300, como promedio. Existen redes que venden múltiples artículos. Los que más abundan, en orden de importancia, son:

1. Productos naturales para el cuidado de la salud
2. Cuidado de la piel y belleza
3. Viajes
4. Oro o joyería
5. Atención médica y dental
6. Educación
7. Alimentos
8. Purificadores de agua o aire
9. Telecomunicaciones

La remuneración que reciba, en términos de comisiones y bonificaciones, va a depender del plan de mercadeo de la compañía. Existen varios tipos de planes. Los más conocidos son:

1. **Escalera con separación**—Es el más antiguo. Tiene diferentes rangos ascendentes que se obtienen a base a volúmenes de compras personales o del grupo, y según

un número predeterminado de requisitos en la estructura de la red. Usted gana comisiones a base de estrictos requisitos generacionales hasta que en algún momento determinado, uno de sus grupos se separa de usted, y usted comienza a ganar menos de ese grupo.

2. **Matriz**—En este sistema hay un número limitado de distribuidores en el primer nivel y un número limitado de niveles. El distribuidor principal recibe comisiones por niveles laterales y no por profundidades. Cuando un distribuidor auspicia a otras personas más allá del número que cabe en su primer nivel, esas personas automáticamente se van colocando debajo de los distribuidores que están más abajo.

3. **Binario**—Este sistema es básicamente una matriz con sólo dos personas en el primer nivel y un número ilimitado o limitado de niveles, donde cada auspiciado en el primer nivel se considera una "pata" del grupo del distribuidor principal. Cada persona recibe comisiones a base del volumen de la "pata" que menos compró. Este es un plan muy en auge porque paga buenos bonos. Depende mucho de la honradez de la compañía.

4. **Unilevel**—En este sistema, el primer nivel no tiene límite de personas, hay un número limitado de niveles (usualmente no mayor de cinco) y se reciben comisiones por el total de compras de cada nivel, o del total de distribuidores. No tiene separaciones de grupo y es muy fácil de trabajar.

5. **Híbrido**—Se considera híbrido a cualquier plan que combine partes de dos o más planes.

¿Cuál es el plan de compensación que más dinero permite ganar?

Todos. No hay plan bueno ni plan malo. Todos son buenos si el distribuidor hace lo que tiene que hacer dentro de cada plan. Desgraciadamente, hay personas que entran a una red y esperan que el dinero les llegue por la gracia de Dios, sin trabajar. Esos son los mismos que después hablan mal de este tipo de negocio. Yo no conozco ningún negocio en el que no haya que trabajar para ganar dinero.

La propia Palabra lo dice en Proverbios 12:11: *"El que labra su tierra tendrá abundante comida, pero el que sueña despierto es un imprudente"*.

Ningún negocio es más fácil de trabajar que una buena red de mercadeo. No importa el nivel educativo o económico de la persona, su sexo o edad, o inclusive si está empleada. Es sumamente importante que quien le reclutó se encargue de adiestrarle bien en el negocio, para que pueda devengar sustanciosas ganancias en el menor tiempo posible. Después de todo, una regla de oro en las redes de mercadeo es que ayudando a otros se gana dinero.

El secreto está en escoger bien la compañía para ingresar. ¿Qué busco yo en una compañía: su plan o sus productos? Ninguno de los dos. Busco una red que tenga un equipo gerencial de experiencia y honradez. Ellos pueden hacer triunfar una compañía con cualquier plan o producto. Después de eso, trato de auspiciarme con un distribuidor de éxito, dispuesto a ayudarme a comenzar mi negocio.

Nota: Recuerde que usted necesita tener ciertos permisos, si aplicasen, de su ciudad, condado y estado, para trabajarlo desde su casa.

⊶

Alquiler de equipos para cumpleaños infantiles

¿Conoce usted a unos padres que no quieran que el cumpleaños de sus hijos pequeños sea uno bien divertido e inolvidable?

¿Conoce usted a unos padres que no gasten más de lo que pensaban gastar originalmente celebrando el cumpleaños de su niño?

Este deseo es algo innato, sembrado en lo más

profundo del corazón de un padre o una madre, desde siempre. Recuerdo durante mi niñez, que mis padres, además del tradicional bizcocho, refrescos y helado, alquilaban películas cómicas (en "film", con proyectores de 16 mm.), contrataban un mago, y hacían lo imposible para que mi fiesta fuera todo un evento. Todo eso ocurrió hace más de 50 años, en La Habana, Cuba.

Años más tarde me tocó a mí hacerlo para mis hijos, ya cuando vivíamos en Puerto Rico. Las fiestas eran con payasos, caballos "pony" para montar, juegos divertidos con premios y otras diversiones. No importa la situación económica, un niño es un niño, y para un hijo o una hija siempre queremos lo mejor. Le pregunto: ¿cuántos niños y niñas hay en su ciudad? Todos ellos cumplen años.

Usted puede tener un negocio lucrativo de alquiler de equipos para cumpleaños infantiles (o para otro tipo de fiestas y pasadías). Comenzarlo cuesta menos de lo que piensa.

Usted puede empezar este negocio con cuatro equipos:

+ Una máquina de hacer palomitas de maíz ("pop corn")

+ Una máquina de hacer algodón de azúcar

+ Una máquina para preparar nachos con queso derretido

✦ Una máquina para hacer raspados de hielo ("snow cones"), con sirop de sabores.

Evaluemos los costos:

I. La máquina de hacer palomitas de maíz puede costarle entre $400 y $600, dependiendo de su capacidad. La máquina ideal debe "cocinar" una tanda de palomitas de maíz en 3 ó 4 minutos, es decir, de 15 a 20 tandas por hora. Una máquina con una "olla" de 4 onzas de capacidad producirá unas 50 bolsitas de palomitas de maíz por hora, más que suficiente para una fiesta con 15 ó 20 niños. El secreto está en no comprar una máquina de poca capacidad, que se demore en satisfacer las necesidades de la fiesta, ni una muy grande que consuma una electricidad mayor de la usual.

2. La máquina de hacer algodón de azúcar es algo más costosa. Promedia entre $600 y $1,000. Usualmente hacer un "cono" de algodón de azúcar demora unos 30 segundos. La máquina, por lo regular, es un aparato para colocar sobre un mostrador. Si usted desea que esté sobre un carrito algo más festivo, tipo feria, calcule unos $400 adicionales por el carro. Una burbuja plástica protectora

sobre la máquina (para que no escape el azúcar) puede costar unos $130 a $150.

3. La máquina para preparar nachos con queso es una combinación de dos piezas: la caja o vitrina transparente que mantiene los nachos calientitos y la máquina que mantiene el queso derretido. La primera cuesta unos $250 y la segunda, un poquitín menos. Una máquina "combo", es decir, que cumple las dos funciones, cuesta alrededor de $600.

4. La máquina que hace los sabrosos raspados de hielo ("snow cones"), que en Cuba llamábamos "granizados", y en Puerto Rico, "piraguas", puede costar entre $350 y $700, dependiendo de su tamaño.

Antes de decidirse por alguna de estas máquinas, investigue los precios en diferentes sitios, ya que hay muchos fabricantes. Cada máquina viene con instrucciones y consejos para su uso más efectivo. Si usted ha ido sumando, habrá visto que con unos $2,500, ya usted es toda una feria ambulante.

A partir de este momento, sólo tiene que anunciar que para cualquier fiesta infantil (o de otro tipo), usted puede aportar un verdadero sabor a feria.

La ventaja de este negocio es que puede empezar todavía más pequeño, quizás con sólo tres máquinas, y después añadir otras. Al hablar con un cliente potencial, puede ofrecer dos tipos de alquiler: con usted de operador o alquilarle las máquinas solas. Esta última es la menos recomendable, porque usted se expone a que el equipo sea maltratado o mal usado, y sufra daños. Por otro lado, las fiestas generalmente se celebran durante fines de semana, o después de las 5:00 pm en días de semana (para dar tiempo a los mayores a llegar de sus trabajos). Este negocio le permite trabajarlo aunque tenga un empleo.

Para calcular la cantidad que usted cobraría en su ciudad, investigue primero cuánto cobran otras personas o compañías que se dediquen a lo mismo, y tenga en cuenta el costo de los materiales a usar. Por ejemplo:

* Un galón de concentrado para hacer los sirops (jarabes) de los raspados de hielo promedia de $12 a $15 por sabor, pero al diluirlo con agua rinde muchísimo.

* Una bolsa de 50 libras de maíz para las palomitas promedia un costo de $35. El galón de aceite para cocinar las palomitas de maíz promedia de $15 a $20. Mil bolsitas de papel para una onza de palomitas de maíz cuestan unos $20. Una bolsa de 6 libras de nachos promedia $6 a $8.

+ Una libra de queso para los nachos cuesta alrededor de $4.

+ La caja de bandejitas para servir, aproximadamente, 2,000 nachos cuesta $60.

Estos precios son un promedio. Es posible que, investigando en el mercado, usted los consiga a un mejor costo.

Después que establezca el negocio, puede ir añadiendo equipos como casas inflables para saltar (comienzan en $400 y llegan hasta $2,000), que se alquilan aparte de las máquinas. Una vez empiece, el mismo negocio le irá indicando qué cosas añadir.

Nota: Recuerde que usted necesita tener ciertos permisos, si aplicasen, de su ciudad, condado y estado, y que algunos trabajos o negocios requieren licencia o certificación. También es recomendable investigar si dicho trabajo o negocio requiere algún tipo de seguro de responsabilidad pública o una fianza ("bond").

Venta de artículos a través de eBay

Es difícil encontrar una persona que no conozca eBay (www.eBay.com), la compañía de ventas por subastas más grande en la Internet. De hecho, eBay es el mejor testimonio de lo que un negocio casero puede llegar a ser.

La empresa se fundó en 1995, en San José, California, por el francés de origen iraní, Pierre Omidyar, un programador de computadoras. Pierre creó una página de subastas en la Internet. La idea de la página era que si usted tenía un artículo para vender, lo anunciara en esa página y los visitantes de la página hicieran ofertas por el artículo. El primer artículo que se vendió fue un señalador láser que estaba roto. Extrañado, Omidyar contactó al comprador para asegurarse de que entendía que el señalador estaba roto. La persona le respondió: "Soy un coleccionista de señaladores láser rotos".

De esa manera nació esta singular compañía que hoy vende más de $1,000 por segundo, y tiene constantemente más de 30 millones de artículos en subasta a través de la Internet.

¿Qué artículos se ofrecen en eBay? Todos: artículos nuevos, usados, rotos, piezas, autos, aviones, lapiceros, ropa, ropa interior, casas, computadoras, juguetes, libros, discos, cámaras, revistas, muñecas, piezas de coleccionista, joyas, recetas de cocina… en fin, todo lo que usted pueda imaginarse.

¿Quiénes pueden vender artículos en eBay? El resto del mundo y usted. Sólo tiene que abrir una cuenta en la página. Necesita una computadora, acceso a la Internet, una dirección de correo electrónico ("email") y una tarjeta de crédito o débito.

El punto al que quiero llegar es que hoy día miles de personas ganan dinero en eBay desde las salas de sus casas, inclusive personas que sólo hablan español, ya que la compañía tiene una página en nuestro idioma que se llama eBay Compra Global (www.esp.ebay.com). Testimonio de esto es una madre de 37 años de edad (me reservo el nombre por protección legal, pero es una persona real), que no estaba empleada. Cuidaba a sus hijos en la casa y hace unos años decidió vender cosas por eBay para ganar dinero sin dejar de atender los niños. Hoy, su empresa vende más de $500,000 al año.

eBay es un negocio que hasta comerciantes establecidos llevan a cabo, porque es una manera fácil de vender internacionalmente. Cuando usted coloca un artículo en eBay, el mundo entero lo ve y tiene acceso a comprarlo. De hecho, es bueno que usted estudie las características propias de cómo vender a otros países. En la propia página de eBay hay material educativo para ello.

eBay es un negocio perfecto para quien quiera generar ingresos adicionales, desde su casa. Hacerlo es sencillo. Sólo requiere ciertos pasos.

I. **Tener el equipo necesario** que ya mencioné. Si usted habla inglés, haga el negocio en dicho idioma. Llegará a más personas que a través de la página en español. Si no habla inglés, empiece en la página en español.

2. **Inscríbase en eBay.** Es un proceso que sólo toma minutos. Le preguntarán su nombre, dirección, número de teléfono,

"email" (dirección de correo electrónico), y número de tarjeta de crédito o datos de su cuenta de cheques. Esta información es necesaria para confirmar su identidad, lo que protege la integridad de eBay, ya que todas las transacciones se hacen a distancia. eBay le cobrará una cantidad mínima por colocar su artículo (hay opciones de colocación que cuestan un poco más), además de una pequeña comisión de lo que usted venda, la cual cargará a su cuenta con eBay. Muchas personas también se inscriben en PayPal, que es un servicio de pagos a través de la Internet (propiedad de eBay) que le permite cobrar el dinero de lo que vendió. Una de las ventajas de este servicio es que le evita tener que abrir cuenta con compañías de tarjetas de crédito como Visa, MasterCard y American Express, entre otras. PayPal es un sistema enteramente confiable.

3. **Busque lo que va a vender.** Empiece vendiendo los artículos de su hogar que no está usando y están en buenas condiciones, porque todo se vende en eBay. Después, trate de encontrar artículos con potencial de venta que usted disfrute vender. Puede comenzar por visitar las ventas de garaje de su barrio o ciudad, los

mercados de "pulgas" ("flea markets"), ventas liquidaciones o lugares parecidos. Encontrará productos, quizás usados, pero vendibles. Luego, busque suplidores al por mayor, de esos y otros artículos. Antes de decidirse a comprar un artículo, investigue en cuánto se venden artículos iguales o similares en eBay, y decida si le dejarían un buen margen de ganancias.

4. **Aprenda a empacar y a enviar los artículos.** Es importante que usted calcule bien el costo de enviar los artículos que vendió. Recuerde que todo tiene un costo: las cajas, las cintas adhesivas ("tape"), los rellenos protectores y el franqueo, entre otros. Estudie las diferencias en precio de envío entre el correo y las compañías que se dedican a eso. Asegúrese de poner en su aviso de oferta el costo de envío, y que este sea uno justo. A los compradores les molesta que un vendedor se exceda en el costo de envío y franqueo.

5. **Empiece despacio y estudie bien las prácticas de eBay.** Hay varios tipos de subastas.

   a. **Subasta básica.** Usted coloca su artículo en eBay, con descripción y fotografía. Le pone un precio de comienzo a la subasta (un precio bajo), y escoge el número de días que quiere que dure su subasta: 3, 5, 7 ó 10 días. Espera por las ofertas, que deben ir siendo cada vez más altas, hasta la fecha de cierre de la subasta. Usted está obligado a venderle al que hizo la oferta mayor.

b. **Reserva.** Usted puede establecer un "precio-reserva" (que no se publica), que es el mínimo que usted aceptaría para vender el artículo. Si ese precio no se alcanza en la subasta, usted no está obligado a vender la pieza.

c. **Cómprelo ahora.** Si a usted no le gustan las subastas, puede ofrecer su artículo bajo una opción de "Buy-it-Now" (cómprelo ahora), por un precio predeterminado.

Con la práctica, usted irá dominando los procedimientos de esta singular compañía. En la misma página de eBay hay docenas de conexiones a diferentes hojas explicativas de cada proceso. También existen docenas de libros, CD, DVD y programas "software" que le ayudan a entender y usar mejor a eBay. El secreto está en no desesperarse.

6. **Estudie la posibilidad de una "tienda eBay".** Si usted tiene acceso repetitivo a cierto tipo de artículo en grandes cantidades y a buen precio, eBay le da la oportunidad de establecer una "tienda" virtual donde usted ofrezca sus artículos sin necesidad de efectuar subastas. Permítame una pequeña advertencia. Si usted decide que una tienda eBay es perfecta para usted, asegúrese de tener espacio en su casa para almacenar la mercancía. Una tienda requiere un inventario algo mayor que un ocasional artículo para subasta.

7. **Ofrezca el mejor servicio posible.** eBay es un negocio muy serio, aunque se efectúe desde su computadora. Ningún negocio prospera sin un buen servicio. Conteste rápidamente las preguntas de los compradores, envíe los artículos vendidos antes de 48 horas del cierre del negocio (siempre después que usted reciba el pago. Nunca envíe algo sin haberlo cobrado antes). Por otro lado, eBay tiene un sistema de calificar cada transacción desde ambas direcciones. Tanto al vendedor como al comprador se les requiere calificar la manera en que fueron atendidos por la otra parte. Muchos compradores no hacen transacciones con vendedores

que tienen un mal récord en esta área, y viceversa. Si estos comentarios son injustos, la compañía da una oportunidad limitada de responder y ofrecer su lado de la historia.

8. **Consideraciones legales.** Como todo negocio, por muy casero que este parezca, es un negocio como cualquier otro. Determine cuál estructura legal es la más indicada para usted, y asegúrese de tener cualquier permiso que su ciudad, condado o estado requiera. Finalmente, venda sólo mercancía que sea legal de vender. Evite vender imitaciones, copias de artículos que tienen protección legal (como marcas famosas), y por supuesto, falsificaciones.

9. **Sugerencias adicionales**

a. **La ropa** - Tanto nueva como usada, la ropa se vende muy bien en eBay. No quiere decir que usted trate de vender aquel "sweater "de Pepito que tiene varios hoyos de cuando se enganchó en la verja de la escuela, o las "t-shirts" manchadas de cuando usted pintó la habitación principal. Es aceptable vender un par de zapatos de marca que usted usó tres o cuatro veces, y dejó de usar porque le molestaban. No es aceptable vender un par de zapatos con un hoyo en la suela o deformado por el uso. El comprador se sentiría engañado y escribiría comentarios negativos de usted, lo cual le cerraría muchas puertas a su negocio.

b. **Equipo deportivo** - eBay tiene una sección titulada "Sporting goods in demand" (Artículos deportivos de gran demanda), que puede darle una idea de cuáles son los que más se venden en la actualidad. Busque en su garaje, ático, o baúl viejo, a ver qué encuentra.

c. **Productos naturales** - Esta categoría está muy en auge. Sin embargo, eBay no le permitirá hacer expresiones de que su producto cura, trata o sirve para diagnosticar alguna condición de salud, tal como es la práctica del Federal Drug Administration (FDA).

d. **Artículos de colección** - La descripción de un coleccionista es "la persona que paga buen dinero por lo que es basura para otros". Recuerde el primer artículo que se vendió en eBay: un señalador láser roto. Hay coleccionistas de miles de cosas que uno es incapaz de imaginar, hasta que se ofrecen en eBay. Entre a eBay y busque la categoría "Collectibles" (artículos de colección), como si usted fuera a comprar, tan sólo para ver las cosas que se ofrecen. Es posible que usted tenga dos o tres de ellas, tiradas en un rincón.

e. **Vigile el calendario** - En eBay hay una sección llamada "Seller central" (Central para vendedores) con información valiosa para los vendedores. Una muy útil es su "Promotional calendar" (Calendario promocional), que detalla con anticipación la categoría de productos que eBay destacará en su página, en unas fechas en particular. Si usted tiene artículos que están dentro de esas categorías, asegúrese de ofrecerlos en esas fechas.

eBay es una de las tantas maneras en que usted puede ganar dinero desde su casa, si tan sólo toma la decisión de hacerlo y toma acción.

Nota: Recuerde que usted necesita tener ciertos permisos, si aplicasen, de su ciudad, condado y estado, y que algunos trabajos o negocios requieren licencia o certificación. También es recomendable investigar si dicho trabajo o negocio requiere algún tipo de seguro de responsabilidad pública o una fianza ("bond").

+≍

Fotografía escolar

Este negocio aplicaría a aquellas personas a quienes les gusta la fotografía y ya poseen un buen equipo fotográfico. Para ellas, es un negocio fácil, aunque muy competido.

Para quien no sabe mucho de fotografía, pero le gustaría este tipo de negocio, no se ha perdido todo. Existen muchas escuelas de fotografía y escuelas politécnicas donde se enseña este arte-ciencia.

El fotógrafo escolar realiza un trabajo muy diferente al del fotógrafo artístico o el comercial. En la fotografía en escuelas se realiza un trabajo muy mecánico y repetitivo, pero eso es precisamente lo que lo hace un trabajo fácil. Su otra ventaja, para considerarlo un negocio casero, es que, con frecuencia, se realiza en horas y días no laborables.

Para este negocio usted necesita dos cosas:

1. Equipo fotográfico

Es posible que usted ya posea una cámara digital. Sin embargo, al pensar en negocio, usted tiene que pensar en una cámara digital de calidad, buen lente, buena variedad de aperturas y velocidades, y con durabilidad. Ese tipo de cámara digital por lo regular cuesta entre $500 y $1,000. La cámara que usted tiene actualmente puede servir para una emergencia.

Además de la cámara, usted va a necesitar luces

de estudio. Usualmente se necesita un mínimo de dos (preferiblemente tres), con paraguas reflectores, y atriles de 9 ó 10 pies de altura. Las luces pueden ser de tipo permanente (permanecen encendidas) o "flash", en cuyo caso necesita dos dispositivos electrónicos de sincronización (cuando la principal dispara, la segunda también lo hace vía un sensor). La pieza restante es un telón de fondo y sus dos soportes. Si el juego de luces es de tipo permanente, piense en unos $300 a $400 de costo. No olvide los cables y extensiones eléctricas.

2. Una escuela con estudiantes para retratar

Sin estudiantes no hay negocio. Aquí empieza el aspecto delicado (por no decir complicado) del negocio. Recuerde: el Señor está con usted.

Una escuela tiene un enorme número de actividades que requieren un fotógrafo. Voy a mencionar sólo algunas:

a. Graduación (de cada grado)

b. Libro anuario de fin de curso

c. Eventos deportivos de los equipos de la escuela

d. Fiestas de temporada (Navidad, Regreso a la Escuela, "Prom", etc.)

e. Bailes y excursiones

Las escuelas grandes, por lo regular ya tienen un fotógrafo o compañía fotográfica, mediante un contrato de 2 ó 3 años. Usted tendría acceso a esa escuela únicamente si llega a ella justo en el tiempo preciso, cuando el contrato vigente esté a punto de vencerse. La manera más efectiva es solicitar una cita con la principal al comienzo del curso escolar (agosto o septiembre). En la reunión, la principal, o la persona encargada de las actividades, le dirá cuál es la situación contractual. Si hay una oportunidad para usted, posiblemente le pidan una cotización.

Ese no es el único problema de las escuelas grandes. El otro inconveniente es posiblemente su tamaño. Ese tipo de escuela tiene, por lo regular, mil o más estudiantes, diferentes grados y diferentes equipos deportivos. Usted es sólo una persona para poder cubrir un juego de baloncesto en un extremo de la ciudad y un juego de volibol en el otro extremo, a la misma hora, el mismo día.

Cierto es que todo inconveniente tiene una solución. En el caso de ser una escuela muy grande, usted tendría que contratar otro fotógrafo. Eso aumenta su costo y en el contrato usted dio un precio fijo, más una comisión a la escuela por las fotos que se vendan a estudiantes y familiares (entre un 10% a un 40%). Todavía peor, en las actividades deportivas o sociales, se venden pocas fotos porque la mayoría de las familias tienen cámaras digitales.

La actividad donde usted puede hacer más dinero es en la graduación. Para ventaja suya, la mayoría de las escuelas y universidades permiten solamente al fotógrafo oficial el acceso directo al lugar desde donde se celebran los actos de graduación. Prohiben el acceso a todos los demás fotógrafos, incluyendo padres y familiares. Los padres y estudiantes que quieren una buena foto de ese momento, se la tienen que comprar a usted.

En la graduación, usted fotografía a todos los graduandos en la escuela y le ofrece a cada alumno un paquete de fotos de diferentes tamaños. Cada paquete contiene varias hojas donde la foto del graduando se reproduce en diferentes tamaños por hoja.

Para crear el paquete, usted envía el original digital de la foto a un laboratorio digital. Hay cientos de ellos a través de todo el país. Ellos procesan los originales (que usted les envió en un CD, DVD, o electrónicamente) y le envían a usted los paquetes. El costo promedio de cada hoja de reproducción es de $1.60 a $1.99.

Digamos, para efectos de ejemplo, que usted trabaja un paquete que contiene 3 hojas:

1 hoja con una sola foto de 8" X 10"

1 hoja con 4 fotos de 3.5" X 5"

1 hoja con 8 fotos tamaño "wallet" (billetera).

Cada hoja le cuesta a usted, digamos $1.75, así que el paquete le cuesta a usted un total de $5.25. El paquete se vende a la familia del estudiante, al precio que la escuela y usted hayan determinado.

¿Es este un buen negocio? Depende de la escuela y de usted. Mi sugerencia es que antes de gestionar contratos con escuelas grandes, trate de conseguirlos con escuelas pequeñas, escuelas independientes, escuelas privadas, o escuelas tipo "charter", en lo que usted se da a conocer y adquiere experiencia en el negocio. Hace unos treinta años, yo ofrecía cursos de fotografía submarina. Para mí la instrucción submarina era el pasatiempo que me permitía hacer ejercicios semanalmente, para ayudarme en mi eterna lucha contra el sobrepeso. Aquel curso de fotografía submarina era muy básico, pues constaba de sólo dos clases, y la idea era interesar a los estudiantes a que ellos continuaran ese pasatiempo por su cuenta.

Años más tarde, recién mudado con mi esposa a otro vecindario, me tropecé con alguien cuya cara me resultaba conocida. Él se me acercó y se identificó. Era uno de mis estudiantes de fotografía submarina. "Aquellas clases fueron mi primera experiencia con la fotografía y me motivaron tanto que decidí estudiarla con mayor profundidad y convertirla en mi profesión. Hoy me dedico a ella en el campo escolar", me comentó el ex alumno, ya todo un hombre, y ahora mi vecino. Para ese momento, él era el fotógrafo escolar con el mayor número de contratos de toda la ciudad. El Señor obra de maneras misteriosas.

Nota: Recuerde que usted necesita tener ciertos permisos, si aplicasen, de su ciudad, condado y estado, y que algunos trabajos o negocios requieren licencia o certificación. También es recomendable investigar si dicho trabajo o negocio requiere algún tipo de seguro de responsabilidad pública o una fianza ("bond").

+≡=

Otros negocios caseros

A continuación voy a nombrar, sin entrar en detalles, otra serie de negocios que usted puede realizar desde su hogar.

Diseño de páginas "web"

Si usted tiene inclinaciones artísticas y conoce bien el uso de la computadora, esta es una profesión muy en demanda, que se trabaja en sus horas libres. Hay miles de personas y negocios buscando quién puede diseñarles una página para la Internet.

Cuido de ancianos

El alto costo de los servicios médicos impide a muchas familias recluir a un familiar de edad avanzada en una facilidad donde se le cuide adecuadamente. Muchas familias buscan, y pagan bien, a personas que cuiden un familiar por las noches, o en horas determinadas del día.

Limpieza industrial y residencial

Anteriormente hablamos de la limpieza de alfombras, pero usted igualmente puede dedicarse a la limpieza completa de una o varias casas (a la semana, a razón de una o más por día), oficinas y negocios.

Pintura de hogares y negocios

Pocas familias tienen hoy el tiempo, o los conocimientos, para pintar toda una casa, sea por dentro y por fuera.

Planificación de actividades

Esto puede estar dentro de las labores de un "concierge". Si usted se especializa en esta labor, tiene la oportunidad de ofrecer sus servicios para planificar actividades, tanto a individuos como a negocios.

Facilitador de viajes o excursiones

Usted no tiene que ser una agencia de viajes completa, para ofrecer servicios y ayuda en la planificación y organización de viajes y excursiones. A través de la Internet se consigue todo. Si en su ciudad o comunidad se exige una licencia de agente de viajes para realizar esta función, usted puede hacer el trabajo en asociación con una agencia establecida.

Guardería de mascotas

Si a usted le gustan los animales, el servicio de cuidar mascotas puede ser el negocio ideal, especialmente durante los fines de semana. Tener mascotas (especialmente perros y gatos) se ha convertido casi en una moda, y son muchísimos los dueños de mascotas que apenas pueden viajar porque no tienen con quien dejar sus animales.

Restauración o retocado de muebles

Muchas personas atesoran ciertos muebles por su valor sentimental y hasta los pasan de generación en generación. Desafortunadamente, el uso y el tiempo los van deteriorando. En esa categoría hay sillas, mesas, sofás, escritorios, gabinetes, armarios, etc. La restauración difiere del retocado. En el retocado de mueble lo que se hace es lijar, sacar toda la pintura para poderle dar un acabado nuevo, igual al anterior. En la restauración aplica otro tipo de cuidado, pues se trata de reacondicionar el mueble a su estado original. En muchas megaferreterías dan clases de ambos servicios.

"Handyman" (Arregla-todo)

Si usted tiene conocimientos generales de mecánica, electricidad, plomería, y mucho sentido común para reparar desperfectos en las casas, usted tiene la base para un negocio de soluciones a problemas básicos en el hogar. Usted no tiene una idea de la cantidad de dueños de hogar (especialmente mujeres) que no tienen quién les arregle un pequeño desajuste en su casa. Tenga en cuenta que hay ciertos tipos de labores que requieren licencia para realizarse, especialmente en electricidad y plomería.

Artesanías

¿Tiene usted alguna habilidad de arte manual que pueda comercializarse? Hay infinidad de artículos o figuras simples, en madera, tela, cerámica u otros materiales, que pueden comercializarse si se producen inteligentemente. Algunos hasta permiten evocar algún tipo de nostalgia en ciertos segmentos de la población.

Nota: Recuerde que usted necesita tener ciertos permisos, si aplicasen, de su ciudad, condado y estado, y que algunos trabajos o negocios requieren licencia o certificación. También es recomendable investigar si dicho trabajo o negocio requiere algún tipo de seguro de responsabilidad pública o una fianza ("bond").

Espero que con los ejemplos de negocios caseros que he detallado, haya despertado su interés en tener un negocio propio, como la solución más rápida para ganar dinero desde su casa, con la ayuda de Dios. A partir del siguiente capítulo, mis consejos le permitirán tener la seguridad de que su negocio se está levantando sobre las bases firmes y sólidas, que le permitirán convertirse en un empresario próspero.

Capítulo 8
Negocios de tiempo parcial

*"Entonces bajé a la casa del alfarero, y lo encontré
trabajando en el torno" (Jeremías 18:3).*

Si usted aún tiene un empleo al que dedica un número
de horas diarias, esto impedirá que opere un negocio
que requiera su presencia durante el día. Ese factor lo
lleva a establecer un negocio que pueda operar en horas
de la tarde, noche y fines de semana.

Mi negocio actual le da la oportunidad a otros de
comenzar su propio negocio desde sus casas. No obstante, yo siempre abogo porque la persona empiece a
tiempo parcial, sin abandonar su empleo u otro negocio que tenga. No es de sabios quedarse sin ingresos en
lo que el nuevo negocio produce resultados. Cuando el
nuevo negocio produzca aproximadamente los mismos

ingresos del empleo actual, sólo entonces usted podrá considerar renunciar a su empleo y dedicarse a tiempo completo a su negocio.

Este listado de posibles negocios tiene unas características muy especiales. Son ideales para las damas, aunque tengan un empleo o muchas responsabilidades en el hogar, como cuidar hijos pequeños. Empiezan como un trabajo de pocas horas al día, pero pueden convertirse en grandes negocios. Entre ellos están:

Chofer de autobús escolar

Casi una tercera parte de los choferes de autobuses escolares (y hasta del servicio de tránsito público) son personas que trabajan a tiempo parcial.

Para aprender lo necesario, usted puede solicitar empleo con alguna persona o compañía que tenga los autobuses. También puede, desde el principio, tramitar un contrato con alguna escuela para proveerle el servicio, y adquirir un autobús escolar usado, que esté en buenas condiciones.

El manejo del autobús requiere una licencia de conducir para camiones y autobuses, y tener un récord de conducción perfecto. Si usa su propio autobús para esta función, necesita un seguro de responsabilidad pública, cuyo monto varía de estado a estado, y de condado a condado.

Este trabajo o negocio produce un ingreso que es prácticamente "a prueba de recesión". Aunque las cosas vayan mal en su ciudad y algunos maestros sean despedidos por economías, los estudiantes siempre tienen que asistir a una escuela.

Si usted adquiere el autobús, este es un negocio que puede ampliar con cierta facilidad. Empiece conduciendo, pero también puede conseguir el contrato de la escuela, comprar el autobús, y emplear a otra persona que lo conduzca por un salario. El salario de un conductor o conductora para una escuela o compañía, fluctúa entre $10 y $15 dólares la hora.

Una vez tenga ya un historial de buen servicio, usted puede conseguir contratos con otras escuelas, adquirir más autobuses y contratar más conductores. Ese historial de buen servicio y copia de los contratos con las escuelas le ayudarán a conseguir el financiamiento para la compra de autobuses adicionales.

Este es un negocio casero en lo que se refiere a su parte administrativa: teléfono, contabilidad y papeleo. El autobús o autobuses de su propiedad, raramente podrán ser estacionados en su casa de noche o cuando no estén en uso. La mayoría de los reglamentos municipales lo prohíbe. En ese caso, usted tiene que conseguir (posiblemente alquilar) un espacio o lote donde los vehículos permanezcan cuando no se estén usando.

Como propietario del vehículo, usted debe asegurarse de que el contrato con la escuela le pague lo suficiente para cubrir el salario al chofer (si no es usted), el pago del vehículo (si está financiado), licencias, permisos, seguros, gasolina, una reserva mensual para mantenimiento del vehículo y una ganancia para usted. El hecho de que haya tantas compañías proveyendo estos servicios, es el mejor indicativo de que es un negocio productivo.

Intérprete o traductor

Si usted es bilingüe, ¿por qué no ganar dinero con dicha habilidad? Un intérprete trabaja verbal y físicamente en el lugar donde se necesita, mientras que un traductor usualmente trabaja desde la casa. Para ser intérprete legal (usualmente en las cortes) o intérprete médico, se requiere una certificación oficial. En ocasiones, el departamento de servicios al paciente de un hospital necesita intérpretes, y sus conocimientos médicos no son tan necesarios.

Los servicios de traducción, en general, no requieren certificación alguna. Lo que hace pequeño o grande este servicio, como negocio propio, es el volumen del trabajo a realizar, según el contrato que usted consiga. Si el volumen es grande, amplio o frecuente, usted puede contratar otras personas que lo ayuden a traducir. Facture al cliente la cantidad que le permita pagar al empleado o empleados, y percibir una ganancia para usted.

Tutor o tutora

En este país, un tutor es un maestro remediativo que refuerza la enseñanza de una materia a un alumno. Los temas más usuales son matemáticas, idiomas, química, física y otras ciencias.

No se confunda con el significado de "tutor" que se da en algunos países, especialmente en Europa, a la persona que, a veces, reside en el hogar del alumno para darle una enseñanza diaria, en lugar de que el alumno asista a una escuela. En muchos de nuestros países hispanos también se usa el término "tutor" como una persona designada legalmente por los padres de un menor (o por las cortes) para que sea el responsable total de dicho menor.

De manera que si usted tiene conocimientos amplios en algunas de esas materias y le gusta enseñar o trabajar con menores, este puede ser un buen negocio para usted. El horario es flexible y usted puede decidir si la tutoría se ofrece en su casa o en casa del alumno. Usualmente, se ofrece en horarios que no tengan conflicto con el horario de la escuela.

Es recomendable que investigue cuánto cobran otros tutores en el área donde usted reside, para que determine cuánto va a cobrar por sus servicios. Pautar un pequeño aviso en algún periódico local, de tipo "clasificado", sería una pequeña inversión que le podría rendir buenos resultados. Usted también podría hacer otros esfuerzos de mercadear sus servicios, tales como: colocar avisos u hojas sueltas en escuelas cercanas, tablones de avisos en supermercados y farmacias, o anunciarse en la Internet.

Instructor o instructora de aeróbicos

Si usted es conocedor(a) o fanático(a) de los ejercicios aeróbicos, podría sacarle provecho a dicho conocimiento. Muchos clubes y gimnasios contratan instructores de aeróbicos para los fines de semana, que es cuando asiste la mayoría de los asociados. Con frecuencia, sólo se requiere que usted haga una demostración de sus conocimientos para que le permitan trabajar. En algunos estados, se requiere licencia.

Este trabajo a tiempo parcial puede comenzar como un empleo. Después de que usted conozca los requisitos de la actividad, las preferencias y necesidades de las personas que viven en su zona, ¿por qué no intentar abrir un club de aeróbicos en su casa, si no hay uno cerca y su vecindario se presta para eso?

El "club" puede funcionar los fines de semana, ya como un negocio propio. Necesitará un espacio amplio, un equipo de sonido, acceso a un baño y toallas. Para propósitos legales, deberá gestionar algún permiso y licencia, y adquirir un seguro de responsabilidad pública.

Una vez su club sea conocido, puede contratar instructores adicionales, según la cantidad de clientes, para ampliar el horario de su negocio.

Todo depende de su nivel de interés en tener un negocio casero. Son muchas las oportunidades que existen de convertir un conocimiento o pasatiempo, en un negocio a tiempo parcial o completo. Desde luego, son más los negocios que pueden comenzarse desde la casa, aunque las horas que usted dedique a él sean pocas para empezar.

Capítulo 9
Cómo establecer su negocio

"Supongamos que alguno de ustedes quiere construir una torre. ¿Acaso no se sienta primero a calcular el costo, para ver si tiene suficiente dinero para terminarla?" (Lucas 14:28)

La mayoría de las personas que siempre ha querido tener un negocio propio, nunca lo hacen, primero por la indecisión, y segundo, porque es complejo el proceso de establecerlo. A esto se le añade la inseguridad de lo que hace falta para conseguirlo, es decir, el miedo a lo desconocido. En este caso, lo desconocido es el papeleo y la burocracia involucrada.

La manera de vencer este obstáculo, según mi fórmula del éxito, es "HACER". Y en este caso, "hacer" significa sentarse a preparar una lista de cada paso a realizar. Una vez usted tenga identificados esos pasos en un papel, se dará cuenta de que comenzar a darlos no es tan aterrador como parecía.

Plan de negocios

El primer paso a dar para empezar cualquier tipo de empresa, no importa su tamaño, se llama **plan de negocios**. Este plan puede ser algo tan sencillo como un pequeño escrito que ordene lo que usted va a encontrar en su camino y cómo resolverlo para conseguir su objetivo. También puede ser todo un complejo organigrama que incluya detalles financieros y de mercadeo para presentar a bancos, y a posibles socios, con el objetivo de conseguir un capital inicial de operaciones.

No se complique la vida haciendo un plan completo para tener un negocio de limpieza de alfombras o de venta directa. En ese caso lo que sí le conviene tener es lo que yo llamo el hijo menor del plan de negocios: **el Plan de Acción**. Más adelante, encontrará un modelo. Para usarlo, escriba su nombre, cuál meta quiere lograr, la fecha en que usted desea haberla logrado, y la fecha de hoy. Periódicamente, podrá evaluar si se está acercando a su objetivo. Seguido de eso, detalle cuáles beneficios y bendiciones usted recibirá al lograr esta meta. Esto es importante porque leer con frecuencia ese renglón lo motivará a continuar sus esfuerzos.

Más abajo, detalle cuáles obstáculos se interponen en conseguir la meta (la hoja tiene espacio para tres, pero pueden ser más). A la derecha de cada uno, hay un espacio para escribir cuáles son las soluciones a esos obstáculos. A su derecha, escriba cuáles pasos tiene que dar para lograr esas soluciones. El último espacio es para que escriba y recuerde la fecha en que debe evaluar si cada paso le está dando los resultados que desea. De no ser así, corríjalos.

PLAN DE ACCIÓN

Nombre: _____

META: _____

Fecha de hoy _____ Fecha límite: _____

Beneficios que obtendré al lograr esta meta: _____

_____

_____

_____

OBSTÁCULOS	SOLUCIONES	PASOS A DAR PARA SOLUCIONES	FECHA A EVALUAR CADA PASO
A.	1.	1.	
	2.	2.	
	3.	3.	
B.	1.	1.	
	2.	2.	
	3.	3.	
C.	1.	1.	
	2.	2.	
	3.	3.	
D.	1.	1.	
	2.	2.	
	3.	3.	

Hágase un hábito de hacer este plan y revisarlo periódicamente.

Para un negocio mayor o más completo, en el que usted requiera ayuda financiera como solicitar un préstamo a un banco o a un asociado, usted necesita un plan de negocios sólido y profesional. Un plan así no es sólo una visión de lo que usted cree que su negocio puede llegar a ser. Necesita ser un estudio que interprete, en términos financieros y medibles, lo que su negocio puede producir, por qué, y cómo se va a lograr. El plan debe explicar en forma específica cómo va a funcionar el negocio y los detalles sobre cómo se capitalizará, dirigirá y mercadeará.

El plan de negocio debe estar compuesto por las siguientes secciones:

* Introducción

* Descripción del negocio

* Descripción del mercado actual

* Productos y servicios

* Ventas y mercadeo

* Requisitos de operación

* Administración de las finanzas

* Perfil del personal gerencial

No es tarea fácil prepararlo. Muchas personas contratan para ello a un consultor, o si dominan una computadora, consiguen programas que lo lleven paso por paso para la producción de un plan de negocio. Finalmente, usted puede dirigirse a la oficina más cercana del Small Business Administration (SBA) y solicitar ayuda. Igualmente, hay ciudades y condados que tienen departamentos de ayuda al desarrollo empresarial donde le pueden asistir.

Desgraciadamente, muchos de los problemas que enfrenta un negocio nuevo, y en ocasiones lo hace fracasar, es la falta de un plan de negocios.

Los siguientes pasos se requieren para el establecimiento de su negocio:

1. **Establezca proyecciones reales.** Muchos negocios nuevos fallan por sobrestimar el potencial de ingresos. Estudie su competencia, identifique cuáles podrían ser sus clientes potenciales y elimine los que usted calcule que pueden tener problemas internos. Calcule cuánto ingreso usted necesita en ventas para cubrir sus gastos. Asegúrese de que podrá cubrir esos gastos el primer año y que podrá generar ingresos pronto.

2. **Ponga un énfasis especial en el mercadeo.** Las dos principales razones por las que falla un negocio son: la falta de capital adecuado y la falta de mercadeo. En el mercadeo están incluidas la promoción y

la publicidad. Lea con cuidado el próximo capítulo acerca de la publicidad.

3. **Dé los pasos legales y de contabilidad necesarios.** Estudie el capítulo de las legalidades a contemplar y decida cuál será la mejor estructura legal para su negocio. Constitúyala, contrate los servicios de un contador, y asesórese sobre cómo llevar la contabilidad.

4. **Gestione los permisos y licencias necesarios.** Incluya seguros y fianzas, si aplican.

5. **Escoja el espacio de su casa donde radicará su negocio.** Preferiblemente dedique una habitación exclusivamente al negocio. Si no le es posible, use hasta una esquina del mostrador de la cocina, o un escritorio de computadora en un rincón de la sala. Lo importante es que use ese espacio solamente para el negocio y que tenga a la mano todo el equipo necesario.

6. **Adquiera el equipo necesario.** Para comenzar un negocio, es imprescindible tener:

   ✦ Una computadora con impresora

   ✦ Acceso a la Internet (a través de su compañía de teléfonos o de Cable TV)

+ Un fax (puede ser la misma impresora,
ya que existen equipos "combo")

+ Un teléfono con línea telefónica aparte
del de la casa

+ Un escritorio (puede ser el de la
computadora)

+ Un archivo

+ La papelería adecuada (hojas timbra-
das con el nombre del negocio, facturas,
tarjetas, hojas de recibo de pago y vo-
lantes del negocio). Todas ellas pueden
hacerse en la computadora.

7. **Adquiera el equipo específico para el
negocio que decidió comenzar.**

8. **Comience a hacer publicidad.** Es vital
que empiece de inmediato a promover sus
servicios.

9. **Desarrolle vías de financiamiento.** Todo
lo anterior requiere cierta inversión de su
parte. ¿De dónde saldría ese dinero? Hay
varias fuentes de dinero a considerar.
Ellas son:

a. **Su propio bolsillo** - Es posible que
usted tenga cierta cantidad de dinero
guardada pensando en el negocio, o que
simplemente la tenga como parte de sus

ahorros. Ciertamente, autofinanciarse es la manera más rápida y económica de comenzar un negocio. Si no tiene el dinero, todavía puede pensar en una tarjeta de crédito; en hacer una segunda hipoteca a su casa; o en vender alguna propiedad u objetos valiosos.

b. **Préstamos de amigos o familiares** – Quizás un amigo o familiar consienta en prestarle dinero. Usted puede ofrecer pagarle un interés por el dinero prestado, aunque sea más bajo del que usted pagaría a una institución financiera.

c. **Micropréstamos** - Existen muchas instituciones, no necesariamente bancarias, que ofrecen micropréstamos de entre $5,000 a $20,000 a un nuevo negocio, siempre y cuando la figura principal (usted) tenga buen crédito. Estos micropréstamos tienen casi siempre un interés muy bajo y son fáciles de repagar. Para averiguar si existen en su ciudad, pregunte a su Cámara de Comercio más cercana o al SBA.

d. **Un banco** - Recientemente, los bancos han dado un paso atrás en la práctica de prestar dinero, pero aquí es que entra en juego el plan de negocios, el cual puede interesarle a un banco local. Evite los bancos multinacionales que ya tienen grandes clientes. Trate con un banco pequeño de su localidad.

e. **Entre en una sociedad** - Usted creó el negocio. Busque a alguien que aporte dinero para capitalizarlo, haciéndose socio del mismo. Para un socio adecuado, el plan de negocios es también necesario. Como regla general, evite tener socios. No obstante, lo menciono porque me siento responsable de presentarle todas las opciones.

f. **Desarrolle el volumen de facturación lo más rápidamente posible** – Si usted se acogió a quiebra, o no lo hizo, pero perdió su crédito, no podrá considerar varias de las posibilidades anteriores. Tendrá que desarrollar capital de operaciones a base de las ventas de productos o servicios de su negocio. No se desanime. Usted sí puede levantar su negocio a base de lo que usted factura. Conlleva esfuerzos adicionales y, sobre todo, oración y fe. Cuando triunfe, podrá decir que no le debe a nadie.

Nota: Recuerde que usted necesita tener ciertos permisos, si aplicasen, de su ciudad, condado y estado, y que algunos trabajos o negocios requieren licencia o certificación. También es recomendable investigar si dicho trabajo o negocio requiere algún tipo de seguro de responsabilidad pública o una fianza ("bond").

Capítulo 10
Publicidad para su negocio

"Y día tras día, en el templo y de casa en casa, no dejaban de enseñar y anunciar las buenas nuevas de que Jesús es el Mesías" (Hechos 5:42).

Cuando residía en Puerto Rico, el Señor volvió a despertar en mí el deseo de escribir como un medio de tener un negocio propio. Decidí publicar una revista de información general, amena, gratis, a distribuirse en las farmacias. Aunque me había graduado de periodismo, nunca lo había ejercido, por lo que no sabía lo que conllevaba publicar una revista.

Uno de mis tíos políticos había tenido una gran imprenta en su país y me orientó acerca de los pasos que tenía que dar. Esto era un gran reto para mí. Para ese tiempo era padre de una pequeña bebé, y deseaba dejar las largas horas de trabajo en restaurantes, que hasta ese momento había sido mi medio de subsistencia. Publiqué la revista *Curiosidades*. Yo era el único redactor. Escribía las noticias, los chismes de farándula, los chistes y hasta las recetas de cocina. Es bueno ser atrevido cuando el atrevimiento es para bien. El único ingreso de *Curiosidades* provenía de la venta de sus anuncios. Yo le pedía $25 a cada farmacéutico por publicarle un anuncio en la revista, y le daba una cantidad de revistas para que las regalara a sus clientes. Yo nunca había publicado una revista y mucho menos había vendido anuncios. Me las ingeniaba y la mayoría de los boticarios aceptaban mi propuesta, porque era novedosa.

Un día me tocó hablarle a un señor de mal carácter. Le propuse la oferta y me contestó de mala gana: "¡Yo no creo en eso! Para mí, la mejor publicidad es vender más barato que los demás. Eso es lo único que funciona". Yo no sabía todavía la técnica de contestar objeciones, pero como tenía a Dios de "coach", le contesté: "Mi amigo, con eso usted sólo tiene ganada la mitad de la pelea; la otra mitad es que el público se entere de que usted vende más barato que los demás". El hombre se quedó pensando por un instante y me dijo: "Tienes razón". De ahí en adelante, se convirtió en uno de mis mejores clientes.

Me place poder decir que la revista no perdió dinero en las tiradas que publiqué, que fueron un total de… dos. No dejaban mucha utilidad y la realidad era que tenía que llevar comida a mi hogar. *Curiosidades* sirvió para que una importante agencia de publicidad local se fijara en mí y me ofreciera un fantástico empleo. Siempre he pensado que si bien la revista hubiera podido convertirse en un negocio grande con el tiempo, Dios la usó como el trampolín para que yo cambiara de giro hacia algo más cercano a mis habilidades y gustos, que era escribir. Estuve en aquella agencia cinco años y de allí salí para abrir la mía.

Ese episodio y esa etapa en mi vida me sirvieron para conocer, como testigo de primera fila, la importancia de la publicidad para cualquier negocio, sea grande o pequeño. Realmente, si el público, su clientela, no se entera de lo que usted hace, usted no tiene negocio. Por eso, lo primero que tiene que hacer todo nuevo empresario es tener una partida separada en su presupuesto, para hacer publicidad.

Primeros esfuerzos

Hacer publicidad no significa producir y colocar costosos comerciales en televisión o radio. Usted necesita empezar con moderación. Por eso sus primeros esfuerzos promocionales deben ser:

I. **Tarjetas de presentación del negocio.** Este debe ser su primer esfuerzo promocional. ¿Ha visto usted alguna vez al presidente o dueño de una empresa que no tenga tarjetas personales? Pues el negocio suyo es tan negocio como el de ellos. Su tarjeta es la fachada de su negocio y el costo de producirlas en bajo.

Una vez las tenga, úselas. Guardadas en su bolsillo o una gaveta de su escritorio no le sirven para atraer clientes. Trate de asistir a reuniones de negocio. Ingrese a la Cámara de Comercio local, vaya a sus reuniones y reparta sus tarjetas. Póngalas a la salida en su iglesia. Hágase miembro de algún club local como: Rotarios, Leones o Kiwanis, y haga lo mismo. Si vive en un edificio de apartamentos, coloque una tarjeta en las puertas de sus vecinos. Cuando envíe una pago por correo, incluya en el sobre una de sus tarjetas de presentación. Usted no sabe si la persona que va a abrir su sobre necesita el servicio que ofrece su negocio.

2. **Hojas sueltas.** El siguiente paso en sus esfuerzos promocionales es hacer un volante u hoja suelta. Si usted es hábil en una computadora, hay varios programas que le permitirán producir uno que luego puede fotocopiar. De lo contrario, cualquier imprenta puede hacerle uno e imprimirle una cantidad por poco dinero.

Pida permiso y coloque su volante en tablones de mensajes ("bulletin boards") de centros comunitarios, supermercados, oficinas de médicos y dentistas, en cafeterías, salones de descanso para empleados de empresas grandes, etc. También déselas a sus vecinos. Finalmente, si usted ha logrado identificar a un número de clientes potenciales y tiene sus direcciones, envíeles el volante por correo.

3. **Anuncios clasificados en la prensa.** Los clasificados de un diario son económicos y llegan a más personas. Recuerde que en publicidad usted paga según la cantidad de personas que van a ver su anuncio. Escoja con cuidado la sección dentro del área de los clasificados donde va a colocarlo. Trate de que sea un área relacionada a su producto o servicio. Pruebe en varios periódicos. Ponga una oferta especial diferente en cada uno. Así podrá determinar cuál es más efectivo para usted y úselo con más frecuencia.

4. **Anuncio en la guía telefónica.** Este cuesta más y le cobran por todo un año, pero lo puede pagar en mensualidades en su factura telefónica. La guía llega a una respetable cantidad de personas, pero tenga

en cuenta que sólo buscarán en la guía cuando ellos tengan la emergencia o la necesidad de algo o alguien. Un anuncio de prensa, al contrario, puede motivar al lector a llamarlo aunque no tenga la emergencia. Simplemente, el anuncio le hizo saber, o le recordó que usted existe.

5. **La Internet.** Hoy día la Internet está desplazando a muchos medios publicitarios. La principal manera de anunciarse en este nuevo formato es con una página "web" propia. Esta página ofrece la oportunidad de presentar su negocio, sus servicios o productos, qué cosas le distingue sobre otros negocios, las tarifas y la forma de contactarlo.

Si usted no sabe cómo crear una página propia (existen programas que ayudan), puede contratar a alguien que se la diseñe. El costo de esta página va a depender de varios factores como cuán complicada es la página, cuántas "páginas" va a tener y qué tipo de detalles gráficos requiere. Piense que la misma le costará entre $300 y $3,000 dólares, dependiendo de esos factores y de la experiencia del que la diseñe. También calcule un costo mensual de $20 a $30 por lo que se conoce como "web-host", la renta del lugar en la Internet donde se "estaciona" su página.

Además de tener su propia página, usted puede contratar la colocación de pequeños anuncios o "links" en las páginas "web" de otras personas o compañías, de modo que su página tenga mayor exposición.

Otros tipos de anuncios

Por supuesto, todavía quedan por mencionar los anuncios en radio, televisión, vallas por la carretera y autobuses. Esto es algo que requiere una inversión mucho mayor, la cual se debe considerar sólo si su negocio es de gran envergadura, o si ya le está brindando ganancias que le permitan ampliar su base de clientes. Cuando llegue ese momento, mi recomendación, como ex agente publicitario, es que contrate a un experto que le ayude, preferiblemente de una agencia publicitaria de su localidad.

No importa el tipo de anuncio que usted coloque, recuerde que éste tiene que ser efectivo. Para eso, lo ideal es dejarse llevar por el antiguo, pero práctico "Principio de AIDA". Veamos de qué trata:

El principio de AIDA

Este legendario principio publicitario determina que para que un aviso produzca resultados debe tener los siguientes elementos:

A. Atención - Su titular debe llamar la atención del público. Debe decir algo que realmente se destaque de los demás anuncios o avisos.

I. Interés - El titular y las primeras líneas deben despertar interés en el público para que siga prestando atención al mismo y lo lea (o escuche, si es radial).

D. Deseo - El contenido completo del anuncio debe despertar en el consumidor el deseo de tener, comprar y usar, lo que el anuncio vende.

A. Acción - Al final del anuncio, debe haber un llamado a la acción por parte del público. La idea no es que simplemente se limiten a saber lo que el anuncio dice, sino que HAGAN algo AHORA por conseguir el producto. De ahí salen las frases que usted está cansado de leer u oír: "Llame hoy mismo"... "Cantidad limitada"... "La oferta termina mañana"... "Operadoras esperan por usted".

El medio publicitario

Mi consejo final en materia de publicidad es que escoja bien el medio publicitario que va a usar, en términos de quién va a ver su anuncio. El medio adecuado es determinado por el público a quien usted quiere llegar y a cuál público llega el medio.

Cuando terminaba de escribir este libro, se celebró el juego número 44 del "Super Bowl", el juego de fútbol más importante de los Estados Unidos. La transmisión de este juego en vivo, por televisión, es famosa, tanto por la competencia deportiva que se efectúa en su terreno, como por los comerciales de televisión que en él se presentan. Esos anuncios cuestan más de $2.5 millones de dólares cada uno, por 30 segundos de duración, ya que el juego es visto mundialmente por millones y millones de personas.

Para mi sorpresa, vi anunciantes que sólo tienen facilidades en un área del país. Esos anunciantes no pueden ofrecer servicios en otras ciudades. Irónicamente, pagaron millones de dólares, aunque millones de personas que vieron sus comerciales, no podrán convertirse en sus clientes. En mi "librito" de conocimientos publicitarios eso es botar el dinero.

Si su negocio está localizado en un barrio de una ciudad, por favor, no pague por anunciarse en un medio que alcanza y llega a lectores, oyentes o televidentes de otra ciudad. Use su dinero en medios que lleguen a los clientes que están dentro de su radio de acción. Igualmente, si su negocio es algo que sólo tiene uso para mujeres, use un medio que se concentre en mujeres, no en mujeres y hombres. Si su producto o servicio está dedicado a clientes de la tercera edad, por favor, no se anuncie en medios dedicados a la juventud.

Concentre sus esfuerzos publicitarios en alcanzar a sus clientes potenciales reales. Como dice un refrán: "El que mucho abarca, poco aprieta."

Capítulo 11

Inicio de operaciones

*"Te devolveré las ciudades que mi padre le quitó
al tuyo, y podrás establecer zonas de mercado en
Damasco, como lo hizo mi padre en Samaria. Acab le
respondió: —Sobre esa base, te dejaré en libertad. Y así
firmó un tratado con él, y lo dejó ir" (1 Reyes 20:34).*

Digamos que usted ya estableció su negocio y lo está anunciando. La realidad es que la publicidad es una parte importante del mercadeo, pero no lo es todo. Para que su negocio opere con las mejores probabilidades de éxito y progreso, usted debe realizar un mercadeo efectivo.

Técnicas de mercadeo

I. **Esfuércese en que sus consumidores lo conozcan.** Usted dirá, "Pero yo ya me estoy anunciando". No, lo que yo quiero decir es que usted tenga una relación personal con sus clientes. Eso es algo que los grandes negocios no tienen y puede ser la mejor ventaja para el suyo. Todas las personas prefieren hacer negocio con alguien que conocen personalmente.

2. **Conozca bien su competencia.** Esto lo he mencionado en varias partes del libro y no me canso de repetirlo. Usted tiene que conocer al dedillo todo lo que sus competidores hacen, cobran y ofrecen. Sólo así usted conseguirá que su negocio ofrezca más y mejores servicios.

3. **Garantice un servicio excelente.** Su lema debe ser "servicio, servicio y mejor servicio". El servicio que usted ofrezca tiene que ser no sólo mejor que el de la competencia sino que tiene que ser memorable. Una gran ventaja que tienen los negocios caseros es que el servicio lo brinda el dueño, por lo que se esmera en dar lo mejor. Por el contrario, el servicio de las grandes compañías es dado por empleados, que a veces no ponen mucho

interés en lo que hacen. En el negocio de usted, el servicio es responsabilidad suya, y el servicio es la sangre vital del mismo. El servicio excelente genera un tipo de publicidad que no le cuesta: la publicidad "boca a boca". Un cliente muy satisfecho le puede traer muchos clientes más.

4. **Mantenga el contacto con sus clientes.** Envíe, de vez en cuando, cartas o circulares con consejos relacionados a los servicios que le ha ofrecido a sus clientes. Si fue limpieza de alfombras o de conductos de aire, envíe noticias sobre descubrimientos en esa área, o nuevos equipos o servicios que ha añadido a su compañía. Si fue en el área de equipos de cumpleaños infantiles, avise sobre nuevos equipos o envíe un re- cordatorio de sus servicios, en un tiempo estratégico antes del próximo cumpleaños del hijo del cliente.

5. **Ofrezca especiales e incentivos en tiem- pos de poca demanda para el negocio.** Igualmente, envíe circulares con estas ofertas.

6. **Especialícese en un solo tipo de produc- to.** "El que mucho abarca, poco aprieta". Concentrar su negocio en un solo pro- ducto le permite especializarse en él,

sus cualidades, su mejor uso, conseguir mejores precios, etc. Todo eso le dará una experiencia en el producto, que servirá para atraer más clientes.

7. **Especialícese en un solo tipo de cliente o consumidor.** Esta recomendación es muy parecida a la anterior. Concentrarse en un solo tipo de cliente le permitirá conocer mejor sus gustos y necesidades, y estar mejor preparado que la competencia para proveerlos.

8. **Tenga una base de datos de sus clientes.** Trate de conseguir información de sus clientes que pueda serle útil a usted: nombre, dirección, teléfono, fecha de cumpleaños, correo electrónico, nombre y fecha de cumpleaños de cónyuge e hijos, si tienen. Así podrá enviarles una tarjeta de gracias o felicitaciones, y ganar su fidelidad. Para conseguir los datos, pregúntelos cuando lo contraten la primera vez, o haga promociones que requieran llenar una tarjeta con esa información.

9. **Use testimonios.** Todo negocio tiene clientes satisfechos. Trate de recopilar los testimonios de algunos de ellos y úselos en circulares y promociones. ¡Cuidado! Pida

su permiso y autorización (por escrito) para usarlos.

10. **Pida referidos.** Solicite a cada cliente, siempre que sea posible, el nombre de uno o dos de sus amigos, que él crea que pueden utilizar sus servicios. Es la manera más rápida de crear una red grande de clientes.

11. **Dé seguimiento a todo trabajo realizado.** Nada hace sentir mejor a un cliente que usted se preocupe por saber si él, o ella, quedaron satisfechos del trabajo que usted realizó. Una simple llamada telefónica, dos o tres días después de realizado el trabajo o la venta, cumple este propósito.

12. **Mantenga informada a la prensa.** Esto se conoce como Relaciones Públicas. Envíe a los medios publicitarios una información, en forma de "comunicado de prensa" sobre cualquier logro o noticia importante relacionada con su negocio. Lo importante es que la información sea "noticiosa" y no publicitaria. Si el editor del medio considera que usted sólo busca publicidad gratuita, echará la nota a la basura y le bloqueará cualquier intento futuro de informar algo noticioso de su negocio.

Otra parte integral de toda operación de negocios está en crear relaciones con la comunidad, que es su primer mercado. Usted forma parte de la comunidad que lo rodea y la mayoría de sus clientes saldrá de ella. Es responsabilidad suya tratar de ampliar su clientela lo más posible. Su segunda fuente de clientes es su iglesia, ya que es un círculo social y casi familiar. Intégrese a grupos de actividades dentro de su iglesia y déjeles saber a lo que usted se dedica. Done servicios o productos de su negocio en diferentes actividades.

Ingrese a diferentes grupos cívicos, culturales, sociales y educativos. Esto le aumentará su círculo de influencia. No obstante, use la sabiduría y el discernimiento. Si en algún tipo de estas organizaciones usted detecta alguna desviación de nuestra fe cristiana o alguna forma de ateísmo (como puede suceder en algunas logias masónicas), salga de inmediato.

La operación diaria

Si usted anunció que su negocio va a estar disponible en cierto horario, cumpla lo que anunció. Conteste el teléfono celular donde quiera que esté, y transfiera al celular las llamadas del teléfono del negocio. Usted no sabe en qué momento un cliente potencial va a necesitar sus servicios.

Esto es igual si su negocio requiere que usted esté presente en cierto horario. El hecho de que el negocio esté lento un día, no es excusa para cerrar sus puertas. Nada es más decepcionante para un cliente que no encontrar disponible al personal de un negocio en horas que debería estar operando. Esa es la importancia de tener un teléfono exclusivo del negocio, aunque sea uno celular. Igual de importante es que el teléfono esté fuera del alcance de cualquier niño en su casa. No hay nada menos profesional en una empresa que un cliente llame y conteste un niño que apenas sabe hablar o no sabe dar datos exactos.

Contratos y acuerdos

Finalmente, cumpla siempre todo lo que promete y tenga todo ofrecimiento por escrito. Cree un contrato sencillo o un acuerdo de trabajo que determine exacta y precisamente, sin lugar a ambigüedades, todo lo que usted va a hacer, para cuándo estará completado, lo que el cliente va a pagar, y la forma y términos de pago.

Asegúrese de que el contrato tiene alguna forma de relevo de responsabilidad para usted, en caso de que el cliente sufriese algún daño por la ejecución o no ejecución del trabajo realizado. Su abogado podrá ayudarle a redactar un acuerdo o contrato genérico que lo proteja debidamente, según el negocio que usted haya escogido, que lo proteja debidamente.

Impuestos

De ahora en adelante usted va a tener que pagar impuestos al IRS de todo lo que gane. Recuerde que ya no tiene un jefe deduciendo parte de sus ingresos para enviarlo al gobierno. Es su responsabilidad ir separando un porcentaje de lo que gane para, en su momento, enviarlo al gobierno. Su contador le ayudará a determinar cuánto guardar de cada trabajo y qué hacer con ese dinero. Una idea es depositarlo en una cuenta de ahorros para que gane algunos intereses mientras está en su poder. Esto es parte de la parábola de los talentos que Jesús habló:

> *"Pues debías haber depositado mi dinero en el banco, para que a mi regreso lo hubiera recibido con intereses"* (Mateo 25:27).

Capítulo 12

Economice y crezca a la vez

Yo asumo que si ha leído hasta este capítulo, haya tomado la decisión de establecer un negocio en su casa. Sin embargo, usted no olvide que al momento de escribir este libro, el país sufre una severa recesión, y sostiene una deuda nacional que tomará muchos años liquidar.

En este caso, es importante que tome medidas más allá de las que normalmente toma todo negocio para mantener sus costos de operación lo más bajos posibles. Sin embargo, también debe esforzarse para que su negocio crezca. Existe un antiguo axioma que dice: "Negocio que no crece, perece". La razón de esto es que los costos de operación de cualquier negocio aumentan naturalmente año por año, sencillamente porque el costo de vida aumenta. Por ejemplo, aumentan las tarifas del servicio de energía eléctrica y teléfono, la gasolina, las primas de los seguros y otros gastos. Si esos costos suben sin que los ingresos aumenten, llegará el momento en que usted se quedará sin negocio.

Con un poco de disciplina y organización (según su plan de acción o plan de negocio) usted puede economizar y crecer, teniendo en cuenta lo que he enseñado en este libro. Tiene que caminar antes de correr, y la forma correcta de caminar es paso a paso.

Economice

Ya usted se está economizando el gasto principal de la mayoría de los negocios, que es el costo de un local de operación, porque está usando su casa. A decir verdad, usted va a pagar por ella, con negocio o sin negocio. Usted puede ahorrar todavía más si economiza en la factura de electricidad, porque es posible que el negocio le haga consumir un poco más de lo normal.

Si en su ciudad sucede como en la mía, donde hay un solo suplidor de electricidad, no existe la alternativa de buscar una compañía de electricidad de tarifa más baja. ¿Cómo puede reducir su factura de electricidad? Veamos algunas ideas de cómo economizar en diferentes renglones:

I. **Aire acondicionado o calefacción central.** Si usted reside en una ciudad donde el frío es problemático en ciertos meses, quizás tenga alternativa en el sistema de calefacción. Compare los precios de usar gas propano, aceite o petróleo ("oil"), carbón, y hasta leña, si su casa tiene chimenea. En verano, instale un termostato en su aire acondicionado para que se mantenga la temperatura a unos 76 ó 78 grados Fahrenheit, y utilice abanicos para mover el aire.

2. **Calentador de agua.** Si utiliza un calentador de agua eléctrico, apáguelo y sólo enciéndalo unos minutos antes de que la familia tome el baño.

3. **Iluminación.** Cambie las bombillas de su casa por bombillas fluorescentes o de halógeno de tipo compacto (las que parecen tirabuzones de cristal).

Para conocer más alternativas de ahorro, llame a su compañía de servicio de electricidad. Algunas de ellas ofrecen un servicio gratuito de evaluación del consumo de energía en su hogar, y le hacen recomendaciones de ahorro. Por otra parte, muchas mejoras a su casa cualifican para recibir reembolsos del gobierno, si reducen el consumo de energía.

Además del ahorro en energía eléctrica, considere economizar en las siguientes áreas:

I. **Combinación de servicios de utilidades.** Usted sí tiene opciones a escoger en la compañía proveedora de servicios telefónicos instalados o celulares. Con una competencia cada vez mayor abundan las ofertas, especialmente si usted combina todos sus servicios en una sola compañía. Investigue y compare las

ofertas, de acuerdo a su presupuesto y
sus necesidades.

2. **Materiales de oficina.** Compare precios y
   compre marcas genéricas, en vez de marcas reconocidas. Compre los materiales
   por caja, no en paquetes sueltos (de todas
   maneras los va a usar). Ahorre papel.
   Guarde papel viejo o pasado por una tri-
   turadora, para usarlo como relleno en las
   cajas de envíos que tenga que hacer.

3. **Evite usar su tarjeta de crédito.** No sólo
   se expone al robo de identidad, sino que
   evita exponerse a un pago tardío puede
   significar un recargo de penalidad de
   $30.00 o más.

4. **Evite lo más posible contratar un empleado.** Mientras más tiempo usted
   pueda llevar su negocio solo o con ayuda
   de su cónyuge, mejor. Un empleado no
   sólo le representa un costo, sino que le
   abre las puertas a varios pagos adicionales
   al gobierno. No obstante, evalúe si el no
   tener dicho empleado le está dejando de
   producir ganancias a su negocio.

5. **De todo lo que cobre, ahorre una porción razonable de dinero.** Todos los
   negocios tienen emergencias económicas,
   unas más pequeñas que otras. Tenga esto

muy en cuenta, especialmente si usted no tiene buen crédito y no tiene tarjetas de crédito para resolver imprevistos.

Crezca

Las siguientes son alternativas para hacer crecer su negocio:

1. **Enfóquese en un solo producto o servicio.** Proveer menos productos o servicios inicialmente, le permitirá tener un mejor control del inventario y ofrecer un servicio de mejor calidad, hasta que tenga que integrar otros productos.

2. **Expanda la línea.** Una vez tenga un producto o servicio que sea exitoso con sus clientes y domine su manejo, añada otros artículos relacionados al primero, que diversifiquen su oferta y aumenten las ventas.

3. **Busque maneras de vender más a los clientes ya existentes.** Vender más a un cliente existente le cuesta menos que venderle algo a un cliente nuevo porque se ahorra los costos de promoción y los esfuerzos de captación de mercado. Usted consigue esto con ofertas de especiales, "combos" de productos (dos o tres productos combinados con un precio

rebajado), promociones especiales y otras estrategias.

4. **Haga una página "web".** Una página "web" abre todo un mundo de nuevos clientes para usted, ya sea promocionando sus productos o servicios, o vendiéndolos en la misma página.

5. **Explore otros segmentos del mercado.** Esto no quiere decir que se vaya a vender a otro país, sino que explore la posibilidad de encontrar otros "posibles grupos de consumidores" diferentes a los que ya tiene. Por ejemplo, si usted tiene un negocio de limpieza de alfombras y ya es conocido por esto, también puede limpiar muebles y cortinas. Si usted vende ropa de niños, también podría vender ropa de damas.

6. **Explore otras localidades.** Esto es lo que hacen muchos médicos y dentistas. Tienen una oficina en una ciudad y otra en otra ciudad. Cada una tiene una asistente que recibe las llamadas y hace las citas, todas para un mismo día de la semana en cada ciudad, por ejemplo, martes y jueves en uno, y lunes y miércoles en otra. Así el universo de posibles pacientes se duplica y el único que tiene

que moverse es el médico. Usted puede ofrecer sus servicios hoy en un lugar, y mañana en otro.

No se limite a estas ideas. Cada negocio es un mundo aparte y cada negocio tiene diferentes maneras de ahorrar y crecer. No se quede estancado, prisionero de costumbres. Permanezca al tanto de innovaciones que se refieran a su negocio y a todo tipo de oportunidades que le permitan seguir desarrollándose en su camino hacia el éxito.

Conclusión

*"Recuerda al Señor tu Dios, porque es él quien
te da el poder para producir esa riqueza; así ha
confirmado hoy el pacto que bajo juramento hizo
con tus antepasados" (Deuteronomio 8:18).*

Un negocio propio es algo que los hispanos llevamos
muy arraigado dentro de nosotros, quizás por influencia de las generaciones que nos precedieron, autoras
de tantos consejos sabios. No obstante, muchos no se
atreven a iniciar un negocio y permanecen toda su vida
atados a un empleo agobiante. Otros, hoy día, pierden
el empleo de la noche a la mañana sin posibilidades de
conseguir otro en seguida, y aún así no se atreven a inventar su propio sustento. ¿Por qué?

Comencé a preguntar a muchas de estas personas y
las respuestas se limitan a cuatro razones:

1. No tengo el dinero para establecerlo.
2. No tengo el tiempo para dedicarle.
3. No sé nada de negocios.
4. Es un riesgo muy grande para mí.

Se acabaron las excusas. Si perdió el trabajo, ahora tiene el tiempo. Si no "sabe de negocios", tiene que mantener a su familia y lo perdió todo, ¡aprenda de negocios! Si está en la desesperante situación que acabo de describir, ya crear un negocio ¡no es un riesgo para usted!

En cuanto al dinero, muchos de los negocios que detallé en este libro requieren menos de $50 dólares para comenzar y todos son negocios que puede trabajar usted solo. Algunos no requieren conocimientos especiales y otros ofrecen una gran posibilidad de adiestramiento gratis. Yo le garantizo tres cosas:

1. Después de que desarrolle un negocio propio y vea dinero, va a seguir inventando negocios y es muy difícil que prefiera estar empleado.

2. De acuerdo con sus esfuerzos y su interés, el negocio lo va a sacar de su crisis y va a crear o reivindicar su crédito.

3. Jamás va a querer hacer negocios, absolutamente nada en su vida, si no es ¡con la ayuda de Dios!

Levántese y oriéntese hacia un negocio propio que le permita ganar dinero para su familia, para la obra divina y para usted. Cuando lo haya hecho, trate de ayudar a otros a que también se levanten. Es más, si después de leer este libro, usted considera que me faltó algo por decir, explicar o aclarar (para su caso en particular), siéntase en la libertad de escribirme a mi correo electrónico, Franciscobguell@aol.com, y preguntarme. Mi mayor satisfacción es ayudar a otros a dejar atrás sus errores y empezar otra vez, con la ayuda de Dios.

"Cada uno ayuda a su compañero, y le infunde aliento a su hermano" (Isaías 41:6).

Apéndice 1

Diferentes organizaciones que pueden servirle de apoyo

Small Business Administration (SBA)

Esta es la agencia federal, especialmente creada por el gobierno para asistir y ayudar a los pequeños comerciantes. Su página, www.SBA.gov. cuenta con infinidad de recursos a su disposición. Inclusive tienen una página en español, www.SBA.gov/espanol. La SBA también cuenta con oficinas regionales en muchas ciudades, que usted puede visitar y buscar orientación para crear su negocio.

U.S. Department of Commerce (Departamento de Comercio Federal)

Este departamento del gobierno tiene la responsabilidad de dirigir todos los aspectos del comercio del país, tanto internos como externos. En su página www.commerce.gov, hay muchas secciones (algunas en español) dedicadas a orientar a los comerciantes.

Internal Revenue Service (IRS) Servicio de Rentas Internas

Si bien esta agencia de gobierno es la encargada de recolectar los impuestos federales de cada ciudadano de la nación, su página "web", www.IRS.gov, tiene muchos recursos de ayuda a comerciantes y ciudadanos contribuyentes. Para ellos es de gran interés que usted gane mucho dinero. Así recaudarán más impuestos.

Cámaras de Comercio

En cada ciudad del país existe una o más cámaras de comercio, que son organizaciones que aceptan miembros o socios a través de una módica cuota de ingreso e igualmente se dedican a apoyar a los comercios de su área. Es usual que en una ciudad existan cámaras de comercio especializadas para diferentes comunidades, sean de tipo geográfico o étnico. Todas operan bajo el mismo principio de ayudar a desarrollar las empresas en su zona.

Entrepreneur.com

Entrepreneur comenzó como una revista especializada en temas empresariales y un tiempo después creó su página "web" con el mismo nombre. Esta página se ha convertido en un gigante de recursos a comerciantes y empresarios. Visite www.Entrepreneur.com

Su iglesia

Su pastor es fuente inagotable de consejos, esperanza y apoyo. Voy más allá; los miembros de su congregación son posibles clientes de su negocio. Cada uno de ellos tiene una familia, un hogar y unas necesidades propias de variados servicios o productos. Estoy seguro de que preferirían recibirlos de alguien en quien ellos confían: usted.

Estadísticas

Usted puede encontrar muchas de las estadísticas que menciono en este libro, a través de la Internet en www. sba.gov/advo/research (la oficina de "Advocacy" del SBA), u ordenando copias impresas a:

National Technical Information Service
5285 Port Royal Road
Springfield, VA 22161
(800) 553-6847
(703) 487-4639 (TDD)
www.ntis.gov

Apéndice 2

Entidades que otorgan micropréstamos

En los Estados Unidos hay más de 2 millones de empresas que han recibido micropréstamos. Esto no quiere decir que para recibir este tipo de préstamos no haya que cumplir con una serie de requisitos, principalmente de crédito.

En cada ciudad hay diferentes entidades autorizadas a otorgarlos, algunas federales, algunas del condado, otras locales, y algunas privadas. Su contador y su banquero pueden informarle qué instituciones están involucradas en este servicio. También, investigue si su condado tiene un Departamento de Desarrollo Económico y Comunitario (casi todos los tienen), y allí podrán orientarle.

www.SBA.gov. Verifique el SBA Microloan Directory. Esta es una página con un listado de más de 100 entidades que pueden otorgar, ocasionalmente, micropréstamos.

www.commerce.gov. Departamento de Comercio de los EE.UU.

Su Cámara de Comercio local o Cámara de Comercio de su ciudad

Por ejemplo, en la ciudad donde yo resido, Miami, Florida, conozco dos cámaras que ofrecen micropréstamos a empresarios calificados. Una es la Puerto Rican

Chamber of Commerce of South Florida, aunque usted no tiene que ser puertorriqueño para ser socio (www.puertoricanchamber.com), y la otra es Camacol (Cámara de Comercio Latina). No obstante, estoy seguro de que hay muchas más con tal programa.

Community Development Financial Institutions

(http://www.businessplanmaster.com/microloans.html#ixzz0erzr2WxW) Existen más de 1,000 CDFI en los 50 estados, sirviendo comunidades urbanas y rurales. Busque en el CDFI State Locator de la CDFI Coalition para buscar una de estas instituciones cerca de usted.

Acción USA

Es parte del U.S. ACCION Network, que ha prestado más de $150 millones de dólares a más de 16,000 empresarios desde el año 1991. Sus micropréstamos fluctúan entre $500 a $25,000 dólares (con un máximo de $10,000 si es para un negocio nuevo). Requieren un plan de negocios y proyecciones de flujo de caja.

Además de esto, busque en las páginas "web" de las ya mencionadas entidades.

*"Yo les brindo buenas enseñanzas,
así que no abandonen mi instrucción"
(Proverbios 4:2).*

Acerca del Autor

Francisco B. Güell es un periodista internacional y exitoso hombre de negocios, a los que se dedica desde que emigró de su país natal, Cuba, a los Estados Unidos. Cuenta con más de 40 años de experiencia en los campos de periodismo, mercadeo, relaciones públicas y negocios. Es autor de varios libros, entre ellos, el éxito de ventas *Aprenda inglés con la ayuda de Dios* y *Perfeccione su inglés con la ayuda de Dios*. Su larga trayectoria como escritor, conferencista, motivador y empresario, salen a relucir en esta guía de cómo cualquier persona puede establecer un negocio propio desde su casa. Reside en Miami, Florida, junto a su esposa, Lourdes Igaravidez. Puede comunicarse con él a través de su correo electrónico Franciscobguell@aol.com.

Otros libros del autor

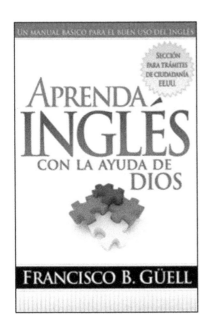 

Para más información, visite nuestra página web:

www.casacreacion.com

Adquiéralo en su librería más cercana